特种作业人员安全技术培训考核（复训）系列教材

企业内机动车辆驾驶作业

山东省安全生产监督管理局　编

煤炭工业出版社

·北　京·

图书在版编目（CIP）数据

企业内机动车辆驾驶作业/山东省安全生产监督管理局编．—北京：煤炭工业出版社，2004
特种作业人员安全技术培训考核（复训）系列教材
ISBN 7—5020—2494—8

Ⅰ.企… Ⅱ.山… Ⅲ.机动车—驾驶员—安全技术—技术培训—教材 Ⅳ.U471.3

中国版本图书馆 CIP 数据核字（2004）第 054815 号

煤炭工业出版社　出版
（北京市朝阳区芍药居 35 号　100029）
网址：www.cciph.com.cn
煤炭工业出版社印刷厂　印刷
新华书店北京发行所　发行
*
开本 850mm×1168mm $^1/_{32}$　印张 $5^1/_4$
字数 130 千字　　印数 1—5,000
2004 年 7 月第 1 版　2004 年 7 月第 1 次印刷
社内编号 5265　　定价 8.80 元

版权所有　违者必究
本书如有缺页、倒页、脱页等质量问题，本社负责调换

编写委员会名单

主任委员 孙立新
副主任委员 袁 策　张中立
委　　员 吴成宽　刘建国　王国柱　康晓黎

主　　编 刘 玲
副 主 编 闫红军　庞双芹
审　　核 展全雪　张 涛

前　言

近年来，在山东省委、省政府的正确领导下，各级、各部门、各单位高度重视特种作业人员的培训考核工作，全省累计考核发证数十万人。加强对特种作业人员的培训考核与监督管理，严格执行持证上岗制度，不仅是法律法规的要求，也是用人单位和特种作业人员的义务，同时，也是安全监督管理部门的职责。实践证明，加强对特种作业人员的安全技术培训考核，提高其理论知识和实际操作水平，对防止和减少伤亡事故，有着重要的作用。按照《特种作业人员的安全技术培训考核管理办法》等有关规定，特种作业人员每两年应复审一次。目前，山东省的特种作业人员大都到了复审期。因此，编写特种作业人员复审教材，实行统一教材、统一试题已迫在眉睫。

本教材是根据其作业范围和安全技术复审考核要求，按照安全规程和教学大纲编写而成，融基础知识与实际操作为一体，在内容上，力求做到完整、全面，突出特种作业人员应当具备的法制意识和职业道德。在形式上，力求做到新颖、实用，吸收了新知识、新技术。在风格上，力求通俗易懂，适合学员学习需要。既适合特种作业人员的安全技术培训考核的需要，也可作为特种作业人员的自学教材。

本套教材包括《电工作业》（马志彦主编）；《金属焊接与切割作业》（庞双芹主编）；《企业内机动车驾驶》（刘玲主编）；《登高架设作业》（闫红军主编）；《爆破作业》（康晓黎主编）；《制冷作业》（谭佃文主编）；《矿山通风作业》（潘德义主编），共7种。

由于水平有限，难免有不当之处，敬请读者给予批评指正。

编　者
2004年7月

目 录

**第一章 特种作业人员安全生产法制意识与
职业道德**……………………………………… 1

 第一节 概述…………………………………………… 1
 第二节 特种作业人员应掌握的法律知识…………… 3
 第三节 特种作业人员应当具备的职业道德………… 8

第二章 企业内机动车辆的安全检查及新技术的应用…… 13

 第一节 企业内机动车辆的分类及车辆安全检验…… 13
 第二节 增压发动机…………………………………… 24
 第三节 电子控制燃油喷射技术……………………… 27

第三章 企业内机动车辆的安全技术要求………………… 33

 第一节 拖拉机安全操作规程及安全技术要求……… 33
 第二节 叉车的安全操作规程及安全技术要求……… 37
 第三节 蓄电池车的安全操作规程及安全技术
    要求…………………………………………… 47

**第四章 企业内机动车辆运行材料的安全使用及
排放标准**……………………………………… 55

 第一节 车辆的燃料…………………………………… 55
 第二节 车辆的润料…………………………………… 59
 第三节 汽车的排放污染……………………………… 65

第五章　企业内机动车辆维护与故障排除 …… 74

第一节　车辆的维护 …… 74
第二节　车辆典型故障的诊断和排除 …… 84
第三节　电喷系统的故障诊断 …… 100

第六章　企业内机动车辆的行车安全技能及防火 …… 106

第一节　基本安全驾驶技能 …… 106
第二节　特殊情况下的安全驾驶技能 …… 113
第三节　企业内运输的安全规程 …… 121
第四节　车辆防火的安全管理规定及灭火器的使用 …… 132

第七章　企业内机动车辆事故的综合分析 …… 141

第一节　车辆事故的原因和特性 …… 141
第二节　车辆事故案例的综合分析 …… 146

课时安排表 …… 159

参考文献 …… 160

第一章　特种作业人员安全生产法制意识与职业道德

特种作业的工作特点决定了特种作业人员在生产过程中应当发挥落实安全生产任务的先锋队和排头兵作用。因此，教育培养一个合格的特种作业人员，不仅要有技术素质方面的要求，也要有思想品质方面的要求。在技术方面要教会他们安全操作的方法；在思想方面要按照法、德结合的教育理念，培养他们知法守德的思想意识，树立良好的职业道德品质，使安全生产建立在技术和思想的双重保障之上。

第一节　概　　述

一、安全生产是社会文明进步的基本标志

生产是人类社会的主要活动之一。生产促进了社会文明的发展，反过来社会文明也促使生产活动水平不断提高，向更高文明层次的方向发展。回顾人类生产活动的发展历程，可以发现生产已由最初的生存手段（如狩猎）发展到了今天的经济活动内容的阶段。只有在这个阶段，人类才能够对生产者在生产过程中的健康和安全条件加以认真考虑和对待。当然安全生产是一个渐进的发展过程，过去的安全生产更多地表现为个体行为，现在则已引起国家和社会的广泛关注，生产必须安全已成为广大群众的基本共识，因此可以说安全生产是社会文明进步的基本标志之一。

由于历史和现实的种种原因，我国的安全生产总体水平还比

较低，特别是与发达国家比较起来差距还比较大（例如，上个世纪 90 年代，美国百万吨煤死亡率约 0.03~0.04 人，印度也只有 0.5 人左右，而我国则徘徊在 4~6 人的范围内）。但是也应该看到，我国安全生产的推进速度较快，效果也非常明显。特别是加入 WTO 以后，安全生产已进入健康发展的快车道，这必将不断缩小与先进国家的差距，为劳动者创造越来越安全，越来越卫生的生产条件与生产环境。

二、安全生产是 WTO 成员国的基本要求

我国自 1986 年提出加入"关贸总协定"的请求，到 2001 年成为"世界贸易组织"（简称 WTO，前身是"关税及贸易总协定"组织）正式成员，其间经过了 15 年的艰难谈判历程。之所以如此曲折复杂，除了关税壁垒的问题之外，非关税贸易壁垒也是其中的重要因素。

非关税壁垒又称绿色贸易壁垒，基本精神之一是要求成员国必须达到一定的安全生产水平，其产品才被允许进入国际贸易渠道。否则，不管质量再好，价格再低，也不允许进入国际贸易市场。这些规定实际上成了发达国家限制发展中国家商品出口贸易的排他性手段，从而保护发达国家的产品竞争优势，减轻失业压力。当然，我们要求以发展中国家对待（包括暂时认可生产条件较低的现状），并不是希望永远保持这种状况，而是通过加入 WTO，积极发展出口经济，改善生产条件，逐步提高安全文明生产的总体水平。加入 WTO 组织等于促使我们驶入了以开放促发展，提高安全生产水平的快车道，争取在较短的时间内将我国建设成为符合绿色的、人道的社会主义文明生产标准的国家。

三、安全生产的方针与核心

我国的安全生产方针是："安全第一，预防为主"。这一方针反映了我国安全生产的根本出发点和思想核心是"以人为本"。生

产的目的是盈利，这是市场经济社会的一般规则，但是我国是社会主义国家，实行的是社会主义的市场经济制度，盈利只是推动经济按市场规律运行的手段，不是最终目的。社会主义市场经济的一切活动的最终目的是为了人，为了改善人民群众的生活水平，提高人民群众的生活质量。人才是经济活动的最终目标。因此生产必须保证人、财、物的安全。忽视安全只注重生产，等于脱离了经济的最终目标。安全生产活动必须一切为了人，一切注重人，一切依靠人，这就是人本思想，也是社会主义国家的安全生产方针与非社会主义国家的安全生产方针的根本区别。

第二节 特种作业人员应掌握的法律知识

一、学法懂法的意义

我们的国家是正在向法治社会迈进的社会主义国家，作为一个合格的公民，人人都有学习掌握必要的法律、法规知识的义务。学习掌握这些知识，一方面在必要的时候可以保护自己的合法权益不受非法侵害，另一方面也是为了监督周围的人和事，抵制化解各种不法现象，共同促进法制环境的建设，尽到一个社会主义公民应尽的义务。

特种作业人员相对于普通作业人员，由于其工作岗位往往更为重要，有更多危险性，因此除了在技术上有更高的要求之外，还应该有较强的法制意识，积极学法懂法，必要时用法律武器保护自己安全生产的合法权益。只有人人懂法用法，才能营造良好的安全生产法治氛围，保证一线工人的生命安全和健康。

二、《安全生产法》有关知识

(一)《安全生产法》概述

安全生产法是我国第一部关于安全生产的专门法律，适用于各个行业的生产经营活动。它的根本宗旨是保护从业人员在生产经营活动中应享有的保证生命安全和身心健康的权利。这一宗旨是通过调整生产经营责任者、从业人员和国家管理机关三者之间的权利义务关系来实现的。安全生产法实行属地管理原则,即生产活动在谁的行政管辖范围内即由谁依法管理,而不管生产经营实体的性质和隶属背景(例如,设在美国的海尔工厂就不适用中国的安全生产法,而适用美国的相关法律)。

在安全生产领域内,安全生产法的法律地位最高,其他针对具体行业或工种的法规、条例,其法律地位应在安全生产法之下,即如有与安全生产法相抵触的地方,必须加以修改或视为无效。

(二)应当掌握的法律知识

1. 根据安全生产法,从业人员享有5项权利。

1)知情、建议权

安全生产法第四十五条规定:"生产经营单位的从业人员有权了解其作业场所和工作岗位存在的危险因素、防范措施及事故应急措施,有权对本单位的安全生产工作提出建议"。

与此相对应,责任方有完整、如实告知的义务,不得隐瞒和欺骗。同时对安全生产方面的合理建议有接受和改进的义务。

2)批评、检举、控告权

安全生产法第四十六条规定:"从业人员有权对本单位安全生产工作中存在的问题提出批评、检举、控告;有权拒绝违章指挥和强令冒险作业。生产经营单位不得因从业人员对本单位安全生产工作提出批评、检举、控告……而降低其工资、福利等待遇或者解除与其订立的劳动合同"。

3)合法拒绝权

安全生产法第四十六条规定:"从业人员……有权拒绝违章指挥和强令冒险作业。……生产经营单位不得因从业人员……拒绝违章指挥、强令冒险作业而降低其工资、福利等待遇或者解除与其订立的劳动合同"。

4）遇险停、撤权

安全生产法第四十七条规定："从业人员发现直接危及人身安全的紧急情况时，有权停止作业或者在采取可能的应急措施后撤离作业场所。

生产经营单位不得因从业人员在前款紧急情况下停止作业或者采取紧急撤离措施而降低其工资、福利等待遇或者解除与其订立的劳动合同"。

5）保（险）外索赔权

安全生产法第四十八条规定："因生产安全事故受到损害的从业人员，除依法享有工伤社会保险外，依照有关民事法律尚有获得赔偿的权利的，有权向本单位提出赔偿要求"。

2. 从业人员的义务

法制的基本特征之一是权利和义务应该对等。因此从业人员在享有上述权利的同时，还应该依法履行下列义务：

1）遵章作业的义务

在生产实践中总结出来的各种安全生产规章制度和操作规程，是保证工人安全的法宝。因此，安全生产法第四十九条规定："从业人员在作业过程中，应当严格遵守本单位的安全生产规章制度和操作规程，服从管理，……"。

2）佩戴和使用劳动防护用品的义务

劳动防护用品虽然会给生产活动带来某种不便，但却是保护操作者免受伤害的直接屏障。因此，安全生产法第四十九条规定："从业人员在生产过程中，应当……正确佩戴和使用劳动防护用品"。

3）接受安全生产教育培训的义务。

无知是安全生产的第一杀手，要安全就要知道如何才能保证安全。因此，安全生产法第五十条规定："从业人员应当接受安全生产教育和培训，掌握本职工作所需的安全生产知识，提高安全生产技能，增强事故预防和应急处理能力"。

4）安全隐患报告义务

安全生产法第五十条规定："从业人员发现事故隐患或者其他不安全因素，应当立即向现场安全生产管理人员或者本单位负责人报告；接到报告的人员应当及时予以处理"。

三、《劳动法》有关知识

劳动法中需要掌握的主要有两条：

1. 第五十四条规定："用人单位必须为劳动者提供符合国家规定的劳动安全卫生条件和必要的劳动防护用品。对从事有职业危害作业的劳动者，应当定期进行健康检查"。

2. 第五十五条规定："从事特种作业的劳动者,必须经过专门培训并取得特种作业资格"。

同时，安全生产法第二十三条规定："生产经营单位的特种作业人员必须按照国家有关规定经专门的安全作业培训，取得特种作业操作资格证书,方可上岗作业"。

将两法的条款统一起来理解，就是特种作业人员必须取得两种资格证才能上岗。一种是特种作业资格证（即技术等级证），一种是特种作业操作资格证（即安全生产培训合格证）。两证缺一即视为违法上岗或违法用工。

四、《工伤保险条例》有关知识

主要应当了解两条：

（1）第二条："……中华人民共和国境内的各类企业、有雇工的个体工商户（以下简称用人单位）应当依照本条例规定参加工伤保险，为本单位全部职工或者雇工（以下称职工）缴纳工伤保险费。

中华人民共和国境内的各类企业的职工和个体工商户的雇工均有依照本条例的规定享受工伤保险待遇的权利"。

(2) 第四条:"……用人单位应当将参加工伤保险的有关情况在本单位内公示。……

职工发生工伤时,用人单位应当采取措施使工伤职工得到及时救治"。

五、《特种作业人员安全技术培训考核管理办法》有关知识

(一) 特种作业的种类

从事特种作业的人员称为特种作业人员。国家经贸委1999年7月颁发的《特种作业人员安全技术培训考核管理办法》将特种作业分为12类:

(1) 电工作业;
(2) 金属焊接(切割)作业;
(3) 起重机械(含电梯)作业;
(4) 企业内机动车辆驾驶;
(5) 登高架设作业;
(6) 锅炉作业(含水质化验);
(7) 压力容器操作;
(8) 制冷作业;
(9) 爆破作业;
(10) 矿山通风作业(含瓦斯检验);
(11) 矿山排水作业(含尾矿坝作业);
(12) 由省、自治区、直辖市安全生产综合管理部门提出,并经国家经贸委批准的其他作业。

(二) 对特种作业人员的基本要求

按《特种作业人员安全技术培训考核管理办法》要求,特种作业人员必须具备以下基本条件:

(1) 工作认真负责,遵章守纪;
(2) 年满18周岁;
(3) 初中以上文化程度;

(4) 按上岗要求的技术业务理论考核和实际操作技能考核成绩合格;

(5) 身体健康,无妨碍从事本工种作业的疾病和生理缺陷。

第三节　特种作业人员应当具备的职业道德

一、职业道德概述

1. 什么是职业

所谓职业,是指由于社会分工而形成的具有特定专业和专门职责,并以所得收入作为主要生活来源的工作。

2. 什么是职业道德

所谓职业道德,就是符合职业特点所要求的道德规范、道德情操与道德品质的总和。

每个从业人员,不论从事哪种职业,在职业活动中都应该遵守特定的职业道德。所有从业人员都应该遵守的职业道德叫基本职业道德。基本职业道德是一个合格的从业者应该遵守的道德基准。

二、基本职业道德要求

(一) 爱岗、尽责

爱岗就是热爱自己的岗位,热爱自己的职业。只要长期从事某一项职业,其职业特点就会和人的行为习惯慢慢惯融为一体,形成职业习惯。例如一个有过军旅生涯的人举手投足之间会流露出刚毅果断的阳刚之气;一名厨师总喜欢评价饭菜的味道;甚至一名擦皮鞋的业者看见别人的皮鞋脏了也会手痒。这说明每个人对自己从事的职业久而久之总会形成某种程度的热爱情感。三百六十行,不管从事哪种职业,只要倾注自己的全部情感,全力以赴,持续努力,都有可能做出突出成绩,成为业界精英。

爱岗与尽责是统一的。尽责就是按照岗位的职业道德要求尽职尽责地完成自己的工作任务。爱岗不仅表现在情感上、语言上,更应该表现在工作过程中。对自己所承担的工作,加工的产品认真负责,一丝不苟,这就是尽责。每个恪守职业道德的人应当明白,合格产品是生产出来的,不是检查出来的。检查不过是别人要履行的一道程序,自己应该用免检的标准要求自己。一个企业里达到这种免检思想境界的职工越多,企业的信誉度就会越高。

尽责应当是一种自觉的行为,它不需要领导检查,也不需要同伴监督,甚至不考虑事后的评价或报酬。它只是干一行爱一行,干一件事就要求自己必须有始有终,追求尽善尽美的思想道德境界。具备这种职业道德的人,不管遇到什么困难,都有一股子韧劲,不达目标决不罢休。

◎◎【案例一】在青岛海尔集团刚刚生产出滚筒洗衣机的时候,广东潮州有一位客户给海尔总裁张瑞敏写了一封信,说在广州看到有这种洗衣机,但是潮州没有,希望张瑞敏能帮助他弄一台。于是,张瑞敏派驻广州的一位员工乘坐出租车把一台滚筒洗衣机送到潮州去。当行驶到离潮州还有两公里的地方时,因手续和证件不全,出租车被检查站扣住了。这个员工在路上截了许多车都没有成功,只好冒着 38 ℃的高温背着 75 kg 重的洗衣机上了路,结果走了近 3 个小时才送到用户家里,用户还一直埋怨他来得太晚。这位职工没有吭气,立即动手安装好了洗衣机。后来,这位客户得知了事情的真相,非常感动,就给《潮州日报》写了一篇稿子。《潮州日报》以这件事为切入点,围绕"市场信用"问题展开了长时间的讨论。海尔集团由此获得了巨大的社会声誉。

(二) 文明、守则

过去人们提到"文明"二字,往往认为是举止文雅,说话轻声细语,和工人劳动好像沾不上边。其实这种认识是片面的,文明是一种内在的品质,它表现在各个方面,工作、劳动中更能体现一个人的文明程度。工人也应该讲文明，没有文明的工人就不会有文明的工厂；没有高素质的工人就生产不出高质量的产品。这并不难理解，关键是如何做，如何养成。

👀【案例二】在日本，不少企业的工人进车间前要做广播操，然后集体背诵厂训，最后一条大多是："整理整顿"。具体做法是每天下班前10分钟停机整理工作现场：扫地、开关复位、成品半成品分类码放，用过的工具物品定置摆放。天天如此，不嫌麻烦。问为什么？工人回答：别的不说，仅是干净、整齐的车间环境，第二天上班就能让人心情愉快，工作带劲。

在我国，文明工厂、文明车间活动的推广已收到了明显的成效。但是文明工人、文明作业、文明现场的要求还没有得到应有的重视。实际上后者更为重要，因为后者是基础，基础工作做好了，文明车间、文明工厂是水到渠成的事。企业因此也能够长期受益。所以培养工人的文明道德观念应作为一项基本教育内容，常抓不懈。

文明与守则也是统一的。守则指遵守上下班制度，遵守操作规程等。现代社会要求人们不管以前熟不熟悉，都要互相协作，遵守必要的规则。惟有如此，生产才能顺利进行，生活才能和谐有序。作为一个特种作业人员应当自觉克服自由散漫的小农生活意识，严格按制度、规程办事。否则，就不能成为一个合格的现代工人。

三、特种作业人员应当具备的职业道德

特种作业人员由于岗位的特殊性，理应在职业道德水准方面有更高的要求，具体内容如下：

（一）安全为公的道德观念

特种作业不仅对操作者本人有较大危险，对周围的人和物都有较大危险。例如电工作业、起重作业、爆破作业等。一旦发生事故，殃及的人和财物范围广、损害大。所以，每个特种作业人

员不仅要保证自身的安全，还要有安全为大家的道德观念。应该意识到自己的安全责任比别人更重，要求也应该更严。始终要牢记：一人把好关，大家得安全。这就是安全为公的道德观念。大家常说：安全为天。如何理解这个"天"字？作为一个特种作业人员应当把"天"字理解为：一个人承托着两重重大安全责任：一个是别人的（包括国家集体财产）生命财产安全；另一个是自己的生命财产安全。

（二）精益求精的道德观念

产品性能是否安全可靠，与加工质量、操作精度密切相关。一个特种作业人员对自己加工的产品在质量上、精度上应有更高的要求标准。特种作业的"特"字，不仅"特"在工作性质上，也应该"特"在工作要求上。精益求精是每一个特种作业人员应有的工作态度和道德观念。

👀【案例三】1992年，"长征二号"捆绑式大型运载火箭在我国西昌发射，点火后便冒出了一股浓烟，发射失败了！据调查，是一个重量仅为 0.15 mg 的铝屑，导致了防爆管的爆炸，使火箭的第一、第三助推器发动机关机，因而发射失败。1970年美国进行导弹发射试验时，由于操作员对某一个螺母少拧了半圈，导致失败。1990年"阿里安"火箭爆炸，是由于工作人员不慎将一块小小的擦拭布遗留在发动机的小循环系统中。美国"挑战者"号航天飞机大爆炸，也是因为一个小小的不合格密封圈造成的。

无数教训事实说明，精益求精的道德观念对重要岗位、特殊工种十分必要，稍有疏忽就有可能铸成大错，造成重大伤亡事故。

（三）好学上进的道德观念

好学上进、勇于钻研，是特种作业人员应当具备的又一道德素质。由于特种作业多具有危险性、重要性和复杂性的特点，在挑选人选时需要提高素质标准。但仅如此还不够，为了保证长期胜任本职工作，特种作业人员还必须好学习、善钻研。通过学习一方面尽快掌握现有设备、技术，为保证生产安全打下坚实的基础；另一方面在允许的条件下，还可以自己动手改进设备，使其达到本质安全型设备的要求。所以，作为一名特种作业人员，应当争取做工人中的"灰领"（在技术、能力等级上达到较高层次，属工人阶层中的精英），实现更高的人生价值，为企业为国家做出更多的贡献。

四、企业内机动车辆驾驶员应遵守的职业道德

车辆驾驶员是特种作业人员的一个种类，应具备特种作业人员的职业道德。但由于车辆驾驶员驾驶车辆是交通运输中的强者稍不注意就会有"人命关天"的危险。在企业内所发生的事故中大部分是由于驾驶员违章操作，疏忽大意、带病开车、冒险行驶等造成的，所以车辆驾驶员还应具备以下两点要求：

（一）文明驾驶

树立良好的驾驶作风，不赤膊开车、不听广播、录音、吸烟、饮食开车，行车中集中精力，开慎重车、开风格车、开礼貌车、礼让三先；宽阔道路不开英雄车，熟悉道路不开麻痹车，复杂道路不开冒险车，任务紧迫不开急躁车，遇到情况不开赌气车，睡足歇好不开疲劳车，会车时做到先慢、先让、先停等。

（二）遵章作业

遵守各种安全规章制度和安全操作规程，认真做好车辆的日常维护工作，坚持出车前、行车中和收车后的维护，使车辆保持良好的技术状况；不开带病车，努力钻研驾驶技术，练好基本功，不断提高驾驶技能，技术精益求精；不违章作业，玩忽职守，积极完成运输、装卸任务；努力降低燃油、润料及轮胎等行车消耗。

第二章 企业内机动车辆的安全检查及新技术的应用

第一节 企业内机动车辆的分类及车辆安全检验

一、企业内机动车辆的分类

随着科学技术水平的提高和工业生产发展的需要，我国的交通运输工具不断更新换代。目前，厂内使用的机动车辆的类型很多，有专业生产厂的定型产品，有专业改装厂的运输机械，还有工矿企业的自制车辆等。因而分类的方法也很多，如按用途、特性和重量分等。根据国家标准《厂矿企业内机动车辆驾驶员安全技术考核标准》规定，企业内机动车辆一共分为10大类。

(1) 大型汽车——总重量大于 4 500 kg 或总长度在 6 m 以上的汽车。

(2) 小型汽车——总重量在 4 500 kg（含）以下或总长度在 6 m（含）以下的汽车。

(3) 大型方向盘式拖拉机——发动机功率为 14.7 kW（含）以上的方向盘式拖拉机。

(4) 小型方向盘式拖拉机——发动机功率小于 14.7 kW 的方向盘式拖拉机。

(5) 专用机械车——装有充气轮胎，可以在道路上自行行驶的专用机械车。主要包括内燃叉车、装载机（或称铲车、铲斗车）、前置式翻斗车等车型。

(6) 手扶式拖拉机——用手把操纵转向的轮式拖拉机。

(7) 手把式三轮机动车——用手把操纵转向的三轮机动车。

(8) 履带车——履带式机动车。主要包括推土机、挖掘机等。

(9) 蓄电池车——以蓄电池为动力的机动车。主要包括蓄电池货车、蓄电池叉车等车型。

(10) 用于企业内生产运输的其他机动车辆。

以上对于企业内机动车辆的分类，只是一个很概括性的基本分类，它主要包括了在厂内常用或比较常用的机动车辆种类，没有对各种车型作过细划分。

二、企业内机动车辆的构造

企业内机动车辆种类很多，但大体上构造基本相同，一般由发动机、底盘、车身和电器设备四大部分组成，如图2-1所示。

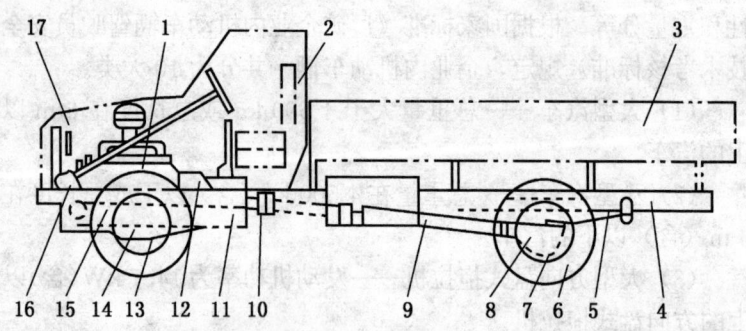

图2-1 载重汽车总体构造

1—发动机；2—驾驶室；3—车厢；4—车架；5—后悬桥；6—车轮；7—车轮制动器；8—驱动桥；9—传动轴；10—手制动器；11—变速器；12—离合器；13—车轮制动器；14—从动桥；15—前悬桥；16—转向器；17—车头

(1) 发动机。发动机的作用是提供汽车行驶所需的动力,大多数汽车采用是往复活塞式内燃机。蓄电池车的动力装置是蓄电池。

(2) 底盘。底盘接受发动机的动力,使汽车产生运动,并保证汽车按照驾驶员的操纵正常行驶。底盘由传动系、行驶系、转向系、制动系组成。

(3) 车身。车身的作用是用于安置驾驶员和货物。

(4) 电器设备。汽车电器设备是指汽车上的用电设备及供给用电设备的电源。现代汽车上的电子控制装置也属于电器设备范围。

三、车辆的安全检验

车辆技术状况的好坏,直接影响到安全运输,所以新增以及经大修或者改造的厂内机动车辆,投入使用前,应当按照规程规定的内容进行验收检验,在用厂内机动车辆应当按照规程规定的内容,每年进行一次定期检验。遇可能影响其安全技术性能的自然灾害或者发生设备事故后的厂内机动车辆,以及停止使用1年以上再次使用的厂内机动车辆,进行大修后,应按照规程规定的内容进行验收检验。

《厂内机动车辆安全检验技术要求》(GB/T16178—1996)节选。

(一) 车辆的基本检验

(1) 车辆的认定标记:

①车辆必须有厂牌型号或商标标记。

②发动机必须具有打刻在汽缸体上易见部位清晰字样的编号(包括出厂时间)。

③底盘必须具有打刻在车架主体上易见部位清晰字样的编号(包括出厂时间)。

④车辆必须具有国家统一式样制定的号牌并装设于车厢、驾驶室或车架的固定部位。

⑤车辆每年要由车辆安全检测部门定期进行安全技术检验,

未经检验和检验不合格的车辆不得使用。

⑥新出厂的车辆须经劳动安全检测部门检验合格后方可办理手续投入使用。

(2) 车辆的污染物排放、噪声标准:

①汽车废气排放应符合 GB14761.5 的规定。

②汽车怠速污染物测量方法按 GB3845 的规定进行测量。

③)柴油车自由加速排放烟度应符合 GB14761.6 的规定。

④柴油车自由加速烟度测量方法按造 GB3846 的规定进行测量。

⑤机动车允许的噪声应符合 GB1495 的规定,各类机动车加速行驶时,车外允许最大噪声应符合表 2—1 的规定。

表 2—1

机动车类型	车外最大允许噪声级/dB (A)
大型汽车,载重量≥12 t	≤90
大型汽车,4.5 t≤载重量<12 t	≤86
小型汽车,载重量<4.5 t	≤86
摩 托 车	≤84
轮式拖拉机	≤86
轮式自行专用机械	≤95

⑥机动车辆行驶时,车外最大允许噪声级的测量应按 GB 1496 的规定。

(3) 车辆须车容整洁,各项设备齐全有效。

(4) 车辆根据需要应配备随车灭火器。

(二) 车辆各部分的检验

1. 发动机部分

(1) 发动机动力性能良好,运转平稳,没有异响,能正常启动、熄火。

(2) 发动机的安装应牢固可靠,连接部分无松动、脱落损坏。

(3) 点火系、燃料系、润滑系、冷却系的机件应齐全。性能良好,安装牢固,线路、管路无漏电、漏水、漏油现象。

2. 传动系

(1) 离合器分离彻底,接合平稳,不打滑、无异响,离合器踏板的自由行程,应符合原出厂车辆的技术要求。

(2) 变速器变速杆的位置适当,自锁、互锁可靠(不跳挡、不乱挡),变速器、分动器不缺油、不漏油、无异响,变速器的油温应符合车辆出厂规定。

(3) 万向节、传动轴、中间支撑、传动链条应运转平稳,螺栓齐全,装配角度正确,润滑良好,行驶中不抖动,无异响。

(4) 主传动器、差速器、差速锁装置工作正常,不松动,无异响,半轴螺丝齐全紧固,驱动桥不漏油。

3. 行驶系

(1) 车架不得有变形、开裂或锈蚀现象,螺母、螺栓、铆钉不得短缺、松动、锈蚀。

(2) 钢板弹簧片整齐,卡子齐全,螺栓紧固,与转向桥、驱动桥和车架的连接应紧固。

(3) 减振器性能良好。

(4) 前后桥不得有变形、裂纹。

(5) 车轮横向和径向摆动量应符合 GB7258 的规定。

(6) 轮胎:

①同一桥上的车轮应装用同型号的轮胎。

②轮胎气压和承受的负荷应符合规定。

③胎面中心花纹深度不得小于 2 mm,轮胎胎面和胎壁不得有长度超过 3 cm、深度足以暴露出轮胎帘布层的破裂和割伤。

④转向轮不得装用翻新胎。

⑤轮辋应完整无损,螺母齐全、紧固。

4. 转向系

(1) 机动车辆方向盘必须设于左侧。

(2) 方向盘的最大自由转动量从中间位置向左、右各不得大于15°。

(3) 转向轻便灵活,行驶不得有轻飘、摆振、抖动、阻滞及跑偏现象。在平直的道路上能保持车辆直线行驶,转向后能自动回正。

(4) 转向力须达到如下要求:

在平整坚实的水泥或柏油路面上(附着系数为0.7),以10 km/h的车速,从直线行驶过渡到半径12 m的圆周行驶,施加于方向盘外缘的圆周力大型车应小于245 N。

(5) 用侧滑仪检验前轮的侧滑量,其值不得超过5 m/km。

(6) 前轮定位值要符合设计规定。

(7) 转向机构不得缺油、漏油,固定托架必须牢固,转向垂臂、横直拉杆等转向零件不得拼凑焊接,无裂纹、变形;球形节、转向主销与衬套配合松紧适度,润滑良好。

(8) 液压转向助力器的工作油压应符合车辆出厂规定值,且系统无漏油,工作状态良好可靠。

(9) 二、三轮机动车辆前叉无变形,不得有拼凑焊接、转向沉重、跑偏、阻滞现象。

5. 制动系

(1) 车辆必须设置行车制动和驻车制动装置。

(2) 行车制动系制动踏板的自由行程应符合车辆出厂时有关技术条件的规定。

(3) 驻车制动器应有一定的储备行程,一般应在操纵杆全行程的$\frac{1}{3} \sim \frac{3}{4}$时产生最大制动作用;棘轮式手制动器应在拉杆第三行程的$\frac{2}{3}$以前产生最大制动作用。

(4) 各式行车制动器,均应在第一脚能达到最大的制动效能。

(5) 液压式制动器在产生最大制动作用时（满载），踏板力不得超过 700 N。

(6) 液压式制动器，制动系统不得漏油或进入空气，在踏下制动踏板停留 1 min，踏板不得有下行现象。

(7) 气压式制动器，制动系统不得漏气，应设有放气、限压装置。在发动机启动 4 min（拖带挂车为 6 min）后，气压应从零升至 400 kPa 以上，停机 3 min 气压下降不得超过 10 kPa。储气筒容量应保证在停机的情况下，连续 5 次全制动，气压不小于 400 kPa。

(8) 电瓶车的制动联锁装置应齐全、可靠。制动时联锁开关必须切断行车电动机的电源。

(9) 机械式制动器、拉杆拉线等机件应完好无损，制动效能良好。

(10) 各类车辆的全部车轮，均应设置制动器（拖拉机、专用机械可只设于主要承载车轮）。

(11) 挂车制动器应灵敏可靠。

(12) 行车制动器效能要求。

①时速在 30 km/h 情况下（低速车用最高车速），轻度制动无跑偏现象。

②最大制动能力要求，需在平坦、干燥、清洁、坚实的沥青或水泥路面上（附着系数为 0.7），根据不同车型按其出厂性能指标进行检验。不同车类、车况在规定初速度下的制动距离及跑偏量应符合表 2—2 中的规定。

③制动系统的释放时间不超过 0.3 s。

④双管路行车制动器部分管路失效时，其余部分仍应保持 40% 以上的制动效能。

(13) 驻车制动器的制动效能要求。

①在 20% 的坡道路上，空载车正反两个方向均能将车停住。

②锁止装置灵敏可靠。

表2-2 各类车辆的制动距离、稳定减速度、偏移量数据表

车类\项目	装载	初速度*/ (km·h^{-1})	制动距离/ m	偏移量**/ mm	稳定减速度/ (m·s^{-1})	点制动***
大型汽车 总质量>12 t	空	20	≤4.4	≤80	≥5.5	不跑偏
	重	30	≤9.5	≤200	≥4.8	
大型汽车 4.5 t≤总质量≤12 t	空	20	≤3.8	≤80	≥6.4	不跑偏
	重	30	≤8.0	≤200	≥6.0	
小型汽车 总质量<4.5 t	空	30	≤6.5	≤80	≥6.9	不跑偏
	重		≤7.0		≥6.4	
大型轮式自行专用机械 总质量≥5.0 t	空	20	≤4.0	≤80	≥4.0	不跑偏
	重		≤9.5		≥4.0	
小型轮式自行专用机械 总质量<5.0 t	空	20	≤3.5	≤80	≥4.0	不跑偏
	重		≤8.0			
方向盘轮式拖拉机（带挂车）	空	20	≤5.4	≤80	≥5.0	
	重		≤6.0		≥4.0	
电瓶车	空	10	≤2.5		≥5.0	不跑偏
二、三轮摩托车		20	≤4.0	<40		

* 气压制动系：气压表指示气压≤590 kPa；液压制动系：压踏板力≤700 N。
** 在规定的初速度下紧急制动的稳定性要求。
*** 点制动时对车辆的稳定性要求。

6. 灯光电路部分

(1) 各种车辆安装的灯具，其灯泡要有保护装置，安装要牢靠，不得因车辆振动而松脱、损坏、失去作用或改变光照方向，所有灯光开关安装牢固，开启、关闭自如，不得因车辆振动而自行

开启或关闭。开关安装位置应便于驾驶员操纵,所有灯光除前照灯的远光外,均不得炫目;左、右两边装置灯的光色、规格须一致,安装位置对称。

(2) 机动车辆应设置近光灯、远光灯、前位灯、后位灯、雾灯、侧位灯、转向灯、制动灯、倒车灯、牌照灯、示宽灯,各种灯光的数量、位置、光色、最小可见角度等应符合 GB4785 的规定。

(3) 前照灯光配光性能应符合 GB4599 的规定,摩托车前照灯配光性能应符合 GB5948 的规定。

(4) 装有前照灯的机动车应装有远、近光变换装置,最高车速在 30 km/h 以下的机动车的前照灯可不设远、近光装置。

(5) 吊车、各类自行专用机械应设置能看清吊钩、铲斗、铲叉作业状况的工作灯。

(6) 车辆驾驶室仪表板上应设置仪表灯。仪表灯与示宽灯、尾灯同时启闭。仪表灯亮时能看清仪表板上所有的仪表,且不炫目。

(7) 装载易燃、易爆危险品的车辆,驾驶室内应安装警报器和指示灯。

(8) 车辆应设置喇叭,且音量不准超过 105 dB (A)。

(9) 所有电器导线均须捆扎成束,布置整齐,卡紧固定,接头牢固并有绝缘封套,导线穿越洞孔时需装设绝缘套管。

(10) 车辆应装有电源总开关。

7. 车身部分

(1) 车身应周正,车身两侧不准有超出车身外廓的凸出物(后视镜及转向灯除外),车身表皮平整,漆面整洁,颜色协调,不锈污。

(2) 车辆的前、后部应有适用的牌照位置。

(3) 后视镜:

①车辆的左、右两侧及驾驶室内各应装一面后视镜。

②后视镜安装位置、角度适宜,应能使驾驶员看清车身侧后 50 m 以内的交通情况。

(4) 挡泥板：

①各种车辆车轮的后部均应设置有效的挡泥板。

②挡泥板宽度不得小于车轮的宽度，下端应低于车轮中心线。

(5) 大型货车、挂车（载重量 4.5 t 以上）的前后桥及机挂车之间车身两侧，均应设置有效的安全防护装置。

(6) 电瓶箱、燃油箱、液压油箱托架无严重腐蚀、变形，应安装牢固。燃油箱、蓄电池、排气管之间的距离不得小于 300 mm。排气管应从左侧或尾部向斜下方引出。

(7) 货车车厢前部要安装比驾驶室高 100 mm 的安全架（自卸车除外），车厢应整齐，厢板无破损变形，挂钩完好有效，行驶中无松动异响，高起升车辆须装护顶架并符合 GB5143 的规定。

(8) 装载液态和气态易燃、易爆物品的罐车排气管应装在车厢前一侧，向上排气。

(9) 对于易燃、易爆、剧毒等危险品的专用车辆，车辆两侧及车后要喷涂"严禁烟火"或"注意危险"等字样。并符合 GB4387 的规定。

8. 驾驶室部分

(1) 封闭式驾驶室须设有效的门锁。

(2) 驾驶室座椅要舒适、牢靠，前后可调整。各操作机件布置合理，操作方便，有关要求应符合国家标准规定。

(3) 驾驶室必须视线良好，视野开阔。

(4) 前风挡玻璃必须采用透明良好的安全玻璃，不得有炫目的波纹、气泡等缺陷，不能使用有机玻璃。

(5) 驾驶室内要有通风、保暖、风挡除霜、遮阳装置。

(6) 风挡玻璃左、右两边要装有灵敏有效的自动刮水器。

(7) 仪表及指示灯：

①车辆须设置有效的车速表和里程表（手扶拖拉机除外）。

②采用气制动系统的车辆必须设置醒目的气压表。

③车辆需根据产品设计要求设置机油压力、水温、燃油量、电

压、电流等仪表或指示灯。

(三) 专用机械升降机构及履带的特殊检验

1. 升降机构的检查

(1) 升降、倾斜油缸：

①油缸应密封良好，无裂纹和泄漏现象。

②油缸应达到额定的工作力和动作时间，倾斜油缸应灵活可靠地使属具倾斜；升降油缸应能平稳地升降属具及载荷，支撑载荷时，油缸柱塞回缩量应符合产品出厂规定值。

(2) 属具及结构件：

①各类属具强度应满足工作的可靠要求。

②各类自行专用机械的专用设备（叉、铲、斗、吊钩、滚、轮、链、轴、销）及结构件（门架、扩顶架、臂架、支撑台架）应完整无裂纹，无变形，磨损不超限，连接配合良好，工作灵敏可靠。

③锁止机件齐全，无裂纹、变形，开启、锁止灵敏可靠。

2. 液压控制系统的检验

(1) 液压系统管路必须畅通，密封良好，与其他机件不磨不碰。

(2) 液压分配器：

①液压分配器上必须有铭牌和指示牌，元件应配合良好，无泄漏。

②操纵手柄（杆）无变形、轻便灵活，工作可靠。

③安全阀动作应灵敏可靠，调整元件齐全有效。

(3) 系统中的工作部件在额定速度范围内不应有爬行、停滞和明显的冲动，应符合产品出厂规定。

3. 履带系统的检验

(1) 履带及各部的连接部位应牢固、运转正常。

(2) 履带连接部位的销、卡应齐全。传动轴、轮、齿、链磨损应不超限。

(3) 各部结构件应完整，无变形，工作灵敏可靠。

第二节 增压发动机

增压发动机(亦称发动机增压),就是将空气进行压缩后,再供入气缸,以提高空气密度,增加循环进气量。在同等排量的发动机上,运用增压技术,特别是增压中冷技术后,能显著提高发动机的功率和转矩,改善燃烧品质、燃油经济性和排放状况。柴油机增压后,还可以降低噪声,见表2-3。

表2-3 斯太尔WD615系列性能比较表

机型 参数	WD615.00 (自然吸气)	WD615.61 (增压)	WD615.67/77 (增压中冷)
缸径/行程/mm	126/130	126/130	126/130
额定功率	147/2600	191/2600	206/2400
最大转矩/N·m	622.3/1400	828.1/1600	1048.6/1400
比油耗/(g·kW^{-1}·h^{-1})	220.2	214.7	204

道路实验表明:缸径、行程和排量相同的发动机,增压后功率提高20%~30%,如果采用增压中冷,功率可提高40%以上。比油耗下降4%~7%。特别是最大转矩增幅大,增压后增加30%~40%;增压中冷后,增加70%以上。因此装用增压发动机汽车的平均车速、最大车速和爬坡能力都比非增压汽车明显提高。

另外,增压技术还可以防止大气污染和降低噪声,目前已成为柴油机重要发展趋势之一,并正在得到广泛的应用。增压发动机按增压的工作原理可分为:机械增压、涡轮增压和气波增压。我们只介绍废气涡轮增压。

一、废气涡轮增压的工作原理

废气涡轮增压器的工作原理:工作的原理如图2-2所示,将排气管 1 接到增压器的涡轮壳 4 上。柴油机排出的具有一定压力的高温废气经涡轮壳 4 进入喷嘴环 2，由于喷嘴环的通道面积做成由大到小，因而废气的压力和温度下降，而速度却迅速提高。这个高温高速的废气流，按一定的方向冲击涡轮 3，使涡轮高速旋转，废气的压力、温度和速度越高，涡轮的转速也越高。通过涡轮的废气最后排入大气。这时与涡轮 3 固装在一根转子轴 5 上的压气机叶轮 8 也以相同的转速旋转，将经滤清器滤清过的空气吸入压气机壳。高速旋转的压气机叶轮把空气甩向叶轮的外缘，使其速度和压力增加，并进入形状做成进口小出口大的扩压器 7，因此气流的速度下降，压力升高。再通过断面积由小到大的环形压气机壳 9 使空气压力继续升高。高压空气流经柴油机进气管 10 进入汽缸与更多的柴油混合燃烧，以保证发动机发出更大的功率。

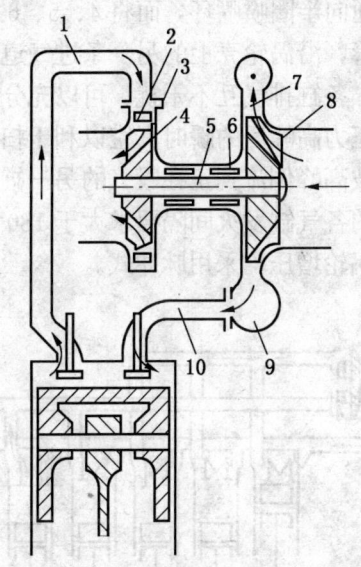

图 2—2 废气涡轮增压器工作原理图

1—排气管；2—喷嘴环；3—涡轮；4—涡轮壳；5—转子轴；6—轴承；
7—扩压器；8—压气机叶轮；9—压气机壳；10—进气管

二、废气涡轮增压器的分类

废气涡轮增压器按进入涡轮的气流方向可分为径流式和轴流式两种。前者效率高、加速性能好、体积小、结构简单,故被汽车柴油机广泛采用。

按是否利用发动机排气管内废气的脉冲能量,废气涡轮增压器可分为恒压式和脉冲式。恒压式是把柴油机全部气缸的排气歧管接到一根排气总管内,再与增压器涡轮壳相连接,废气以某一平均压力沿着单一的涡轮壳进气道通向整个喷嘴环。这种形式常用于大型高增压柴油机。图2—3为脉冲式废气涡轮增压器的排气系统示意图。对6缸柴油机而言,其发火次序为1→5→3→6→2→4,一般将1、2、3缸的排气道连接到一根排气歧管上,沿涡轮壳上的一条进气道通向半圈喷嘴环,而将4、5、6缸的排气道连接到另一根排气歧管,沿涡轮壳上的另一条进气道,通向另半圈喷嘴环。这样一来,各缸排气互不干扰,可以充分利用废气的脉冲能量,并能利用压力高峰后的瞬时真空以利于扫气,也可防止某一气缸排气压力波高峰倒流到正在吸气的另一缸中去。因此连在同一根排气歧管的各气缸发火间隔要求大于180°曲轴转角。目前汽车柴油机废气涡轮增压均采用脉冲式。

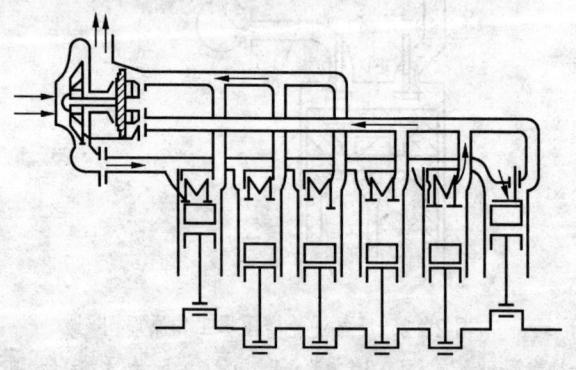

图2—3 脉冲式废气涡轮增压器的排气系统示意图

三、废气涡轮增压器使用时的注意事项

增压器的全浮动轴承对润滑油的要求很高，应按规定使用增压柴油机机油。机油必须清洁。如有泥砂或杂物掺入机油，将加速轴承磨损。当轴承过度磨损时，叶片甚至会与壳体发生摩擦使转子转速下降，增压器及柴油机的性能将迅速恶化，如功率下降，黑烟过多，噪声增大以及转子轴两端漏油。因此，必须按维护规定，定期清洗机油滤清器。

为确保高速下全浮动轴承的润滑，起动后应怠速运转几分钟，使润滑油达到一定的温度和压力，以避免突加负荷时，轴承将处于无油状态，加速磨损，甚至出现卡死现象。同理，若欲使柴油机不工作时，也不能突然停机，要逐渐减少负荷，最后怠速运转几分钟后再停机。

应按规定定期清洗空气滤清器，否则，滤清器因堵塞而阻力过大时，压气机入口的空气压力和流量将减少，造成增压器性能恶化。还应经常检查进气系统是否漏气。如有漏气，灰尘和泥砂将被吸入压气机壳内并进入气缸，造成叶片和柴油机零件早期磨损，致使增压器和柴油机性能变坏。

第三节　电子控制燃油喷射技术

一、汽油喷射式燃油供给系概述

（一）为什么汽油供给系向喷射式方向发展

近20年来，由于汽车数量的迅速增加，排气污染物CO、HC、NO_x和微粒成分的污染取代工业污染而成为大气污染的主力军。这些排放物对人体和动植物造成严重危害。于是，世界各国尤其是汽车工业发达的国家相继制定了严格的汽车排放法规，限制排气中的CO、HC和NO_x等有害物质的排放。而传统的化油器废气

排放量大、污染严重,因而迫使人们发明了电子控制燃油喷射技术,此技术是解决污染问题的有效办法。

由于电子控制的灵活性和计算机强有力的处理能力,电控系统可以根据发动机的各种运行工况,如启动、暖机、怠速、加速、满负荷、部分负荷、滑行以及环境温度、海拔高度和燃油质量的变化,实现最佳空燃比控制,使发动机优化运行,从而取得良好的节油和排气净化效果。

与化油器供油方式相比,电子控制汽油喷射还具有更为优越的燃油雾化性能,使油气混合更均匀,对气温和海拔高度变化的适应性好,电子控制汽油喷射系统各组成部件的安装适应性好,从而给汽油机的总体设计带来更大的灵活性。

(二)汽油发动机电子控制系统控制内容

汽油发动机电子控制系统控制对象均为汽油喷射和点火装置,再根据不同的车型或多或少地增添一些辅助控制功能。以下列举集中控制系统中常见的主要控制功能。

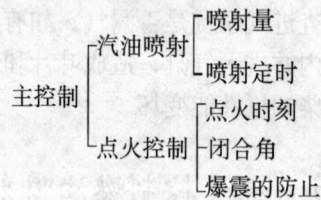

二、电子控制汽油喷射式燃油供给系的组成及工作原理

汽油发动机电子控制系统,尽管类型不少,品种繁多,但它们都具有相同的控制原则,即以电控单元(ECU)为控制核心,以空气流量和发动机转速为控制基础,以喷油器、点火器和怠速空气调整器等为控制对象,保证获得与发动机各种工况相匹配的最佳混合气成分和点火时刻。相同的控制原则决定了各类电控系统具有相同的组成和类似的结构。发动机电子控制系统大致可分为进气系统、燃料系统、点火系统和控制系统4个部分。

(一) 进气系统

进气系统的功用是控制并测量汽油机燃烧所需要的空气量。如质量流量方式电子控制燃油喷射系统的空气系统。吸入的空气经过空气滤清器过滤后，由空气流量计进行测量，然后通过节流阀体到达稳压箱，再经进气歧管进入各个汽缸。

在电子控制汽油喷射系统中，除了由节流阀完成空气量的调节之外，还通过空气阀或怠速执行器进行空气量的辅助调节，目的在于当冷却水温度较低的时候，由空气阀或怠速执行器提供暖机怠速时所需要的空气量，这时经过空气滤清器之后的空气绕过节流阀体经空气阀或怠速执行器流入稳压箱。

(二) 燃料系统

燃料系统的功用是向气缸内提供燃烧时所需要的汽油量。如多点汽油喷射系统的燃料供给系，它由油箱、电动燃油泵、燃油滤清器、压力调节器、喷油器及输油管等组成。电动燃油泵将油箱中的燃油吸出，通过燃油滤清器后，经压力调节器调节，使油压和进气管压力之间保持恒定的压差，最后经输油管配送给各个喷油器及冷启动喷油器（低温启动喷油器），喷油器根据电子控制单元发送的信号将适量的汽油喷射到进气歧管中。为了消除调节器回油所造成的回油压力波动，在油路中还设有燃油压力脉动减震器。取代化油器的汽油喷射系统最初是以多点喷射的形式出现的，但价格昂贵。为了将电控汽油喷射系统进一步推广到普通汽车上，才出现了单点喷射系统。组成部件少，结构简单紧凑是单点汽油喷射系统的主要特点。

单点燃油喷射系统中由于喷油器是在节流阀的上方进行喷射，与多点燃油喷射相比燃油蒸发并与空气混合的时间长，所以对燃油雾化的要求可相应降低，同时喷油器前方的空气压力低。这就使采用较低的燃油压力进行喷射成为可能。

(三) 点火系统

点火系统主要由点火电子组件、点火线圈、火花塞及高压导线等组成。计算机根据曲轴位置传感器和转速、水温等工况传感器信号计算出点火时刻和通电时间,将此计算结果送至点火电子组件(点火器),由点火电子组件控制点火线圈的初级电路接通和断开,使火花塞点火。

(四) 控制系统

控制系统的功用是根据发动机运转状况和车辆运行状况确定最佳喷油量并控制喷油器以控制喷油量。控制系统主要由传感器、控制单元(ECU)及执行部件3大部分组成。传感器是装在发动机各个部位的信号转换装置,用来测量或检测反映发动机运行状态的各种参量,并将它们转换成计算机能够接受的信号后输送给ECU。ECU对各种传感器输送来的信号进行处理运算、分析和判断后,发出喷油控制命令,控制喷油器喷出与进气量相匹配的燃油,使当时工况的空燃比最佳。

三、电子控制柴油喷射式燃油供给系

柴油机广泛用于大型载货汽车上及企业内车辆上,柴油汽车的排放法规和汽油汽车排放法规一样越来越严格,所以一些汽车公司和发动机制造企业对柴油机电子控制技术展开了深入的研究。

柴油机的电子控制系统可以分为传统泵—管—嘴燃油喷射系统的电子控制、泵—喷嘴燃油喷射系统的电子控制及蓄压式(或共轨式)高压燃油喷射系统的电子控制3种。下面对泵—喷嘴燃油喷射系统的电子控制的工作原理进行介绍。

图2—4为一种泵—喷嘴喷油系统的电子控制系统示意图。泵—喷嘴的喷油量和喷油时刻由高速电磁阀控制。电磁阀的开启时间决定了喷油器的喷油量,而电磁阀的开启时刻则决定了喷油器的喷油时刻。启动发动机时,控制单元(ECU)根据发动机转速和水温按存储于计算机内的启动特性曲线决定启动时的标定喷油量。当发动机启动后标定喷油量由发动机转速、驾驶踏板位置

决定，它反应了发动机的基本喷油特性，并受到冒烟极限和超速断油的制约。然后控制单元根据燃油温度对标定喷油量进行修正，并由泵—喷嘴的流量特性曲线将喷油量转化为电磁阀的开启时间。

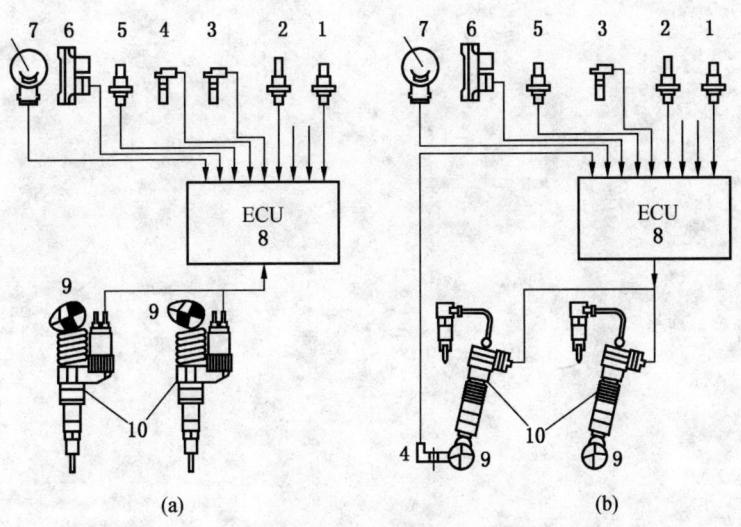

图 2-4 泵—喷嘴喷油系统的电子控制系统示意图

a—体式；b—插入式；1—油温传感器；2—水温传感器；3—曲轴位置传感器；4—凸轮位置传感器；5—空气温度传感器；6—增压压力传感器；7—加速踏板传感器；8—ECU；9—凸轮轴；10—喷油装置

转子泵中各缸喷油器的喷油顺序是由转子泵的分配转子和分配套筒保证的，而在泵—喷嘴喷油系统中，由于喷油器的工作顺序是由 ECU 供给各泵—喷嘴高速电磁阀的信号顺序决定的，所以必须用传感器来使 ECU 与柴油机工作同步。图 2-4（a）中 ECU 根据曲轴和凸轮轴位置传感器信号决定在何时将喷油信号送给哪一个电磁阀，保证发动机的正常工作顺序。图 2-4（b）是 1 种"插入式"喷油系统的电子控制系统，它与图 2-4（a）的控制方法相同。二者主要不同之处在于泵—喷嘴喷油系统的喷油器与加压机构是一体的，而"插入式"喷油系统中二者则是分开的，中间用1根短管相连。

第三章 企业内机动车辆的安全技术要求

第一节 拖拉机安全操作规程及安全技术要求

拖拉机是一种可移动的动力机械,是由多种机构和装置构成的比较复杂的机器。不论是方向盘式拖拉机,还是手扶拖拉机,均以牵引的挂车装载进行物品的运输。牵引的挂车有全挂车,半挂车两种,是企业内作为运输的一种交通工具,是企业生产过程中不可缺少的机械设备。

一、拖拉机的分类

拖拉机用途广,型式多,其分类的方法也很多。

(1) 按动力大小分为:大型方向盘式拖拉机,发动机功率在 14.7 kW 以上;小型方向盘式拖拉机,发动机功率在 14.7 kW 以下。

(2) 按用途可分为:农业用拖拉机、工业用拖拉机。

(3) 按行走机构类型可分为:履带式拖拉机、轮式拖拉机和轮链式拖拉机。

(4) 按操纵装置类型可分为:操纵杆式拖拉机、方向盘式拖拉机和手扶式拖拉机。

(5) 按发动机类型可分为:柴油拖拉机和汽油拖拉机。

二、拖拉机的组成

拖拉机由发动机、底盘、电气系统 3 部分组成。

(1) 拖拉机发动机。发动机一般是柴油机,它由曲柄连杆机构、配气机构、燃油供给系、润滑系、冷却系组成。

(2) 拖拉机底盘。传动系、行走装置、转向系、制动系、液压悬挂系统组成。

(3) 拖拉机电气系统。蓄电池、发电机和调节器、启动机等组成。

从拖拉机的组成可以看出它与一般车辆结构基本相同。

三、拖拉机的安全技术检测要求

拖拉机的安全技术检测包括发动机部分、传动系统、行走系部分、转向系部分、制动系部分、灯光部分和车身、挂车及其附属设备的检测等 7 项,其具体的技术要求如下:

1. 发动机部分

要求部件完整,安装、调整正确;仪表齐全且指示正常;启动性能良好,运转平稳,无异响,急速稳定,耗油正常,功率不得低于额定功率的 75%;供给、润滑、冷却系统作用良好;不漏水、不漏油、不漏气、不漏电。

2. 传动系统

传动系统要求工作平稳可靠,无异常噪声;离合器结合平稳,分离彻底,不打滑,踏板自由行程符合原厂规定;变速机构工作正常,互锁、自锁装置有效,无乱挡、自动脱挡现象;手扶拖拉机皮带松紧适度,根数、规格符合要求。

3. 行走系部分

轮式拖拉机轮胎应完好无损,气压适宜,左右一致,不准内垫外包,转向轮不得装用翻新的轮胎;钢圈应无裂缝、变形,螺栓紧固,前轮前束符合要求;履带式拖拉机的履带松紧适度,轴、销完好无缺,无跑偏和脱轨现象。

4. 转向系部分

方向盘应转动灵活,操纵方便,无阻滞现象;自由行程应符合技术要求；转向轮转向后应有自动回正功能；履带式拖拉机操纵杆自由行程和总行程应符合技术要求；手扶拖拉机转向离合器手把的调整应符合技术要求，操作方便可靠。

5. 制动系部分

自动踏板的自由行程应符合规定，回位敏捷，并有连锁和锁定装置；不偏刹、不蹦跳，两轮拖印一致，制动距离符合要求；大型拖拉机应装有与挂车制动系统相配套的部件，如气泵、储气筒、制动阀、控制阀、气压表等。小型拖拉机必须配备合格的气（油）刹装置。

6. 灯光部分

拖拉机的前部应装有大灯两只（手扶拖拉机可装一只），转向灯两只，后部要有刹车灯、尾灯、工作灯，有驾驶室的拖拉机驾驶室内还应有仪表灯。各种灯具应安装牢固可靠，不得因振动而松脱、损坏、失去作用或改变光照方向。各类灯的安装位置、强度、光色应符合规定。

7. 车身、挂车及其附属设备

（1）车身及附属设备。拖拉机驾驶室须视野良好，轮式拖拉机两侧须装有后视镜，前挡风玻璃不得有水纹、气泡、斑点等有碍视线的印迹；发电机、调节器、蓄电池、启动机、喇叭等应工作良好；液压悬挂装置灵敏有效，锁定机构完好；牵引连接装置要紧固，要有保险锁和安全链。

（2）拖车的技术检测要求：

①车身端正，栏板完好，四角挂钩齐全，梁架坚固无裂纹；

②转向要灵活可靠；

③轮胎完好，外胎不准内垫外包。气压正常，弹簧钢板完好无缺；

④要有标杆灯、转向灯、刹车灯和尾灯（即牌照灯）；

⑤牵引装置不变形，牢固可靠，有保险链或钢丝绳，牵引插销下要有保险锁销；

⑥制动器要灵敏可靠，刹车拖印和刹车距离均符合规定，拖印平行、相等，无偏刹现象；

⑦载重量在 2 t 以上的拖车，要安装气刹车装置。

四、拖拉机的安全技术性能

拖拉机的安全技术性能是指拖拉机的稳定性。必须满足设计参数。

拖拉机的稳定性是指拖拉机的抗翻倾和抗滑移能力，以及拖拉机能按照驾驶员控制的方向行驶和抵抗外界干扰，保持稳定行驶的能力。拖拉机的稳定性是拖拉机安全行驶的主要性能，主要是指拖拉机的纵向稳定性和横向稳定性。

1. 纵向稳定性

拖拉机的纵向稳定性，是指拖拉机在纵向坡道上行驶时具有的抗翻倾和抗滑移能力。

2. 横向稳定性

拖拉机的横向稳定性是指拖拉机抗侧向翻倾和抗侧滑的能力。横向坡度、弯道行驶的拖拉机离心力是引起拖拉机侧滑侧翻的主要原因。

拖拉机的侧滑是指拖拉机在紧急制动时，如果一轴的两个车轮均抱死，则车轮会在地面上完全滑动，这时如果受到轻微的侧向力的作用(道路横向坡引起的侧向力)，车辆就会横向滑动，称为侧滑。制动时发生侧滑会对拖拉机的稳定性带来极为不利的影响，特别是高速行驶的拖拉机发生后轴侧滑后，会引起拖拉机剧烈的回转运动，如果遇到冰雪道路，严重会造成拖拉机原地掉头或翻车。

五、拖拉机安全驾驶操作规程

(1) 严格执行拖拉机例行维护规范对车辆进行检查、保养，使车辆各部件保持良好工作状态，严禁带病出车。

(2) 驾驶员在出车前必须注意周围，确定无妨碍后，方可鸣号起步，注意保护行人。

(3) 行驶中应尽量保持匀速。起步、停车要稳，以免拖拉机和挂车产生撞击。

(4) 严禁拖拉机牵引挂车超车、超高和高速行驶，以免发生翻车事故。转弯时须低速行驶。

(5) 下坡道之前，应根据拖载情况和坡度的大小，选择适当挡位，在陡坡行驶的中途，不要换挡。在下陡坡时，应挂低挡，缓慢行驶，严禁空挡滑行，以免发生事故。下坡时不要猛踩制动器，以免发生拖拉机倾翻的重大事故。

(6) 牵引挂车行驶前，应把左右制动踏板连在一起，并检查制动器是否可靠，左右制动是否同步。

(7) 挂车中不得乘人。

(8) 拖拉机挡泥板的牵引杆不得乘坐人员，以免行驶中掉下去发生事故。

(9) 牵引车后部与挂车前部，必须安装防护网、保护链及有效的制动器，以免脱节出事故。

(10) 挂接挂车时，须用低速小油门倒车，并随时作好停车准备。插牵引销时，必须在拖拉机停止时进行，以免伤人。

(11) 牵引平板车行驶时，不准在平板车上坐人，以免掉下发生事故。

(12) 停车时，要保持直行停放，在坡道上停车，要塞住挂车的后轮，以防滑车。

第二节　叉车的安全操作规程及安全技术要求

在企业机动车辆中，叉车是一种典型的用于货物装卸和起重运输车辆。它适用于货场、港口、仓库、机场及工矿企业内做货物的装卸、堆垛、短途运输工作。

叉车的作用具体可归纳为以下几条：

(1) 可有效的降低劳动强度,节约劳动力,提高劳动生产率;

(2) 由于劳动生产率高,有效地缩短了装卸、搬运、堆垛的作业时间,从而加快了车辆和船的周转;

(3) 可采用托盘和集装箱,使货物包装简化,能降低装卸成本可节约大量的包装费用;

(4) 可以提高库房的有效利用面积;

(5) 可提高装卸作业的安全性。由于叉车的作业解除了笨重的人工装卸,从而减少了货物的破损和人员的工伤事故。

叉车的分类:按它的结构形式可分为平衡重式叉车、插腿式叉车、前移式叉车、侧面式叉车和其他特殊场地用叉车。平衡重式叉车是叉车的基本型,它的应用性很强,是一种使用最为广泛的搬运车辆。按它的动力源可分为以蓄电池和交流电为动力的电动叉车和以内燃机为动力的内燃机叉车。图3-1为内燃机叉车的外形结构图。

本节只讲内燃平衡式叉车,它是由动力部分、底盘部分、电

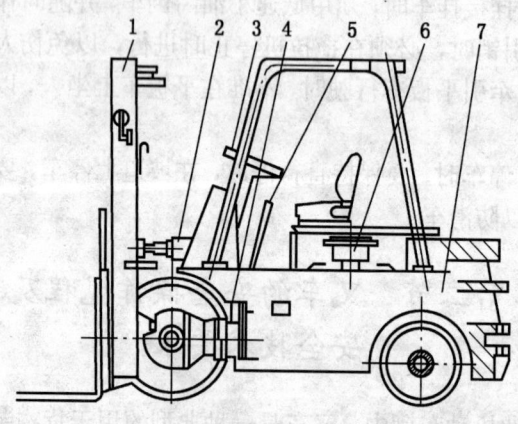

图3-1 内燃平衡重式叉车的总体构造

1—工作装置;2—液压系统;3—转向装置;4—传动装置;
5—制动装置;6—发动机;7—行驶装置

器部分、工作装置和液压系统5部分组成,如图3—1所示。

(1) 动力部分的作用是使供入其中的燃料而发出动力通过传动装置驱动叉车行驶和带动其他附属设备。它由曲轴连杆构、配气机构、润滑系、冷却系、燃油供给系和点火系(汽油发动机专用)等组成。

(2) 底盘部分有传动装置、行驶装置、转向装置和制动装置等组成。

①传动装置将发动机发出的动力传给驱动车轮。它有离合器、变速器、万向传动装置和驱动桥等组成。

②行驶装置把叉车的各总成部件连接成一体,起到支承全车并保证汽车行驶的作用。它有车轮、悬架、车桥、车架等组成。

③转向装置的作用是保证叉车能够按照驾驶员所定的方向行驶。它有方向盘、转向器和转向传动装置等组成。

④制动装置的作用是用以迅速地减低汽车行驶速度以至于停车。它有制动器和制动传动机构等组成。

(3) 电气设备有电源、发动机的起动系和点火系,以及叉车照明、信号等用电设备组成。

(4) 工作装置位于叉车的前部,它的作用是用来叉取和升降货物。它有门架、滑架、货叉等组成。

(5) 液压系统功用是用来驱动工作装置,完成各种装卸作业。它主要由油泵、油缸、换向阀和油管等组成。

从叉车的结构来看它与一般车辆的不同主要在工作装置和液压系统。所以我们只介绍这两部分的构造。

一、叉车工作装置的功用和组成

叉车的工作装置也称为起重装置,它的功用是直接承受全部货重并完成取货、升降、堆放等装卸工序。

平衡重式叉车的工作装置安装在叉车前方,其典型构造如图

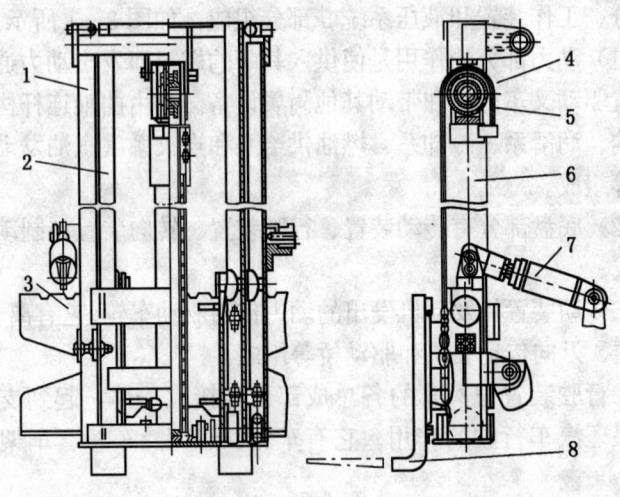

图 3-2 叉车的工作装置

3-2 所示,主要由外门架 1、内门架 2、滑架 3、滑轮 4、链条 5、起升油缸 6、倾斜油缸 7 和货叉 8 等机件组成。

　　货叉装在滑架上,随滑架升降。滑架升降的导轨是门架,因此门架的工作高度要高于货叉的起升高度。为了减小叉车在未起升和低起升状态下的外形高度,使叉车能通过较低的门道,叉车的门架通常由两节或三节组成,可以伸缩。大部分叉车采用两节门架。外侧的一节门架称为外门架,其下部与车架或前桥铰接,另一个支点通过倾斜油缸再与车架铰接。倾斜油缸柱塞的伸缩可使门架前倾或后倾一个角度,带动货叉前俯或后仰,以便叉起或卸下货物,并保证叉车运行时货物在货叉上保持稳定,制动时也不致从货叉上滑下。内侧的一节门架称为内门架,由起升油缸带动,沿外门架上下移动。起升油缸下端固定于外门架下横梁,柱塞头部两侧装有滑轮。链条绕过滑轮,一端与外门架上横梁固定,另一端与滑架连接。起升油缸柱塞伸出时,通过滑轮与链条带动滑架、货叉及货物上升。图示的起升油缸柱塞头部与内门架上横梁固连,柱塞一伸出,内门架随即升起。起升高度大的叉车采用三节门架,中门架和内门架可以升降。

二、液压系统的功用和组成

液压系统由升降液压缸、倾斜液压缸、液压泵、液压分配阀、节流阀等组成:

(1) 升降液压缸,其柱塞顶端与升降门架固紧在一起,控制货叉的起升或降落。

(2) 倾斜液压缸,其柱塞顶端与门架铰接,控制门架的前倾或后仰。

(3) 液压泵,可以是叶片泵或齿轮泵。液压泵输出高压油(6.37～5.7 kPa),驱动升降液压缸和倾斜液压缸。

(4) 液压分配阀,由阀体、升降液压缸阀芯、倾斜液压缸阀芯和安全阀组成。其作用是按货叉升降和倾斜的工作需要,通过操纵手柄控制升降或倾斜液压缸阀芯动作,将高压油输入升降或倾斜液压缸。安全阀的作用是当系统中油压超过一定值时,使油液从回油管流回油箱。

(5) 节流阀,装于升降压缸的管路中,其作用是增大油液的流动阻力,当升降液压缸泄压时,保证货叉缓慢下降。

三、叉车的安全技术性能

叉车的技术性能主要有装卸性能、牵引性能、制动性能、机动性、通过性、稳定性等等。这些性能有的表示为叉车的技术参数,有的则是必须满足的技术条件或标准规范。

(一) 叉车的装卸性能

叉车的装卸性能反映叉车的起重能力和装卸效率,通常以额定起重量、载荷中心距、最大起升高度、最大起升速度、门架倾角等参数来表示。

1. 额定起重量和载荷中心距

额定起重量和载荷中心距是两个相互关联的指标。所谓载荷中心距是指设计规定的标准载荷重心到货叉垂直段前壁之间的距离;而额定起重量是指货物的重心处于载荷中心距以内时,允许叉车举起的最大重量。如果货物的重心超出了载荷中心距,为了保证叉车的纵向稳定性,叉车的最大起重量须相应减小。货物重心超出载荷中心距越远,最大起重量越小。

2. 最大起升高度

最大起升高度是指叉车满载、门架垂直、货物起升到最高位置时,货叉水平段的上表面离地面的垂直距离。两节门架中型叉车的最大起升高度一般为 3 m。

3. 最大起升速度

最大起升速度是指叉车满载、门架垂直时,货物起升的最大速度。最大起升速度受叉车工作的安全性和液压系统参数的限制,还与额定起重量、最大起升高度等因素有关。例如额定起重量为 2 500 kg 的小型叉车最大起升速度可达 500 mm/s,而额定起重量为 42 000 kg 的大型叉车最大起升速度仅为 200 mm/s 左右。

4. 门架倾角

门架倾角是指叉车在平坦、坚实的路面上,门架相对其垂直位置向前或向后的最大倾角。门架前倾是为了便于货叉叉取和放置货物,门架后倾是为了防止叉车载货行驶时货物从货叉上滑落并提高叉车行驶时的纵向稳定性。叉车门架的前倾角和后倾角一般分别为 6°和 12°左右。

(二) 叉车的牵引性能

牵引性能表示车辆克服行驶阻力的能力,以满载最高行驶速度、满载最大爬坡度等指标表示。

1. 满载最高行驶速度

满载最高行驶速度是指叉车在平直、干硬路面上满载行驶所能达到的最高车速。叉车通常是在短距离内往返穿梭作业,没有必要具备很高的行驶速度。即使具有高速行驶的能力，在运行中往往尚未加速到最高行驶速度就要减速制动了。而且叉车多在货场、仓库内作业，通道狭窄曲折，高速行驶也不安全。据统计，一般内燃叉车的最高运行车速为 20~27 km/h，库内作业的最高运行车速仅为 14~18 km/h。

2. 满载最大爬坡度

满载最大爬坡度是指叉车在良好的干硬路面上，以最低挡行驶能够爬上的最大坡度。叉车通常是在比较平坦的场地上作业，需要克服的最大坡度一般为 20%~30%。

（三）叉车的制动性能

制动性能关系到运行的安全性。在技术参数中并不反映出制动性能，通常是在技术标准中规定了在一定运行速度下的行车制动距离和在一定坡度上的驻车制动能力。

我国的内燃平衡重式叉车标准对制动能力作了如下的规定：使用脚制动，空载运行，车速 20 km/h，紧急制动的制动距离不大于 6 m；满载运行，车速 10 km/h，紧急制动的制动距离不大于 3 m。使用手制动，空载能在 20%的下坡上停住；满载能在 15%的上坡上停住。

（四）叉车的机动性

叉车的机动性是指叉车在最小面积内回转以及通过狭窄曲折通道的能力。良好的机动性既可提高叉车在货场、车间、车厢、船舱以及集装箱等狭窄空间内的作业效率，又可提高库场舱室的面积利用率。

衡量叉车机动性的指标主要有最小转弯半径、直角通道最小宽度、堆垛通道最小宽度、回转通道最小宽度等等。

1. 最小转弯半径

最小转弯半径是指叉车空载低速行驶、打满方向盘即转向轮处于最大偏转角时，瞬时转向中心至叉车上某一特征点的距离。

最小转弯半径是衡量叉车机动性的最重要的指标。叉车的前、后桥轴距、转向节主销中心距、转向轮最大偏转角、车体外形长度特别是尾部的形状对最小转弯半径均有影响。在保证稳定性的条件下,叉车的车身尽可能做得短,尾部做成圆弧形或接近圆弧的折线形。

2. 直角通道最小宽度

直角通道最小宽度是指可供叉车往返行驶的、成直角相交的通道的最小理论宽度,此宽度越小,说明叉车的机动性越好、库场的面积利用率越高。

3. 堆垛通道最小宽度

所谓堆垛通道是指这样一种通道:叉车不仅要在其中通行,而且要作90°的转向,从通道旁的货堆上取货或向货堆码垛。这种通道的最小理论宽度称为堆垛通道最小宽度。

4. 回转通道最小宽度

回转通道最小宽度是指可供叉车回转180°调头行驶的直线通道的最小理论宽度。

(五)叉车的通过性

叉车的通过性是指叉车克服路面障碍以及通过净空通道的能力。叉车的通过性取决于叉车的几何参数和支承牵引参数。

1. 与通过性有关的几何参数

(1)最大高度和最大宽度。叉车的最大高度和最大宽度影响到叉车通过门户的能力,决定了叉车能否进入仓库、船舱、车厢、集装箱内作业。

(2)最小离地间隙。最小离地间隙是指轮胎气压正常时叉车的最低点(除轮胎外)至车轮支承平面的距离。它表示叉车越过地面凸起物的能力。叉车的最低点可能是在门架底部、前桥中部、后桥中部或平衡重等处。离地间隙大,则通过性能好。轮胎磨损或气压不足均影响离地间隙的大小。

(3)车轮半径。车轮的大小影响到叉车越过垂直障碍的能力。车轮半径越大,则越过垂直障碍的能力越强,通过性越好。

2. 与通过性有关的支承牵引参数

(1) 轮压。轮压即车轮对地面的单位面积压力。轮压过大，叉车在松软路面上行驶时会形成很深的轮辙，行驶阻力大，通过性差。

(2) 最大动力因数。动力因数表示叉车克服行驶阻力的能力。动力因数越大，则克服道路阻力的能力越强，通过性越好。

(六) 叉车的稳定性

叉车的稳定性是指叉车在行驶和作业过程中抵抗倾翻的能力，是保证叉车工作安全的重要指标。叉车的稳定性分为纵向稳定性和横向稳定性。平衡重式叉车由于货物重力以及惯性力的作用有可能向前纵向倾翻；由于叉车转弯时的离心力或在侧向斜坡上重力沿斜坡方向的分力的作用，叉车有可能横向倾翻。

我国机械工业部制订的平衡重式叉车稳定性试验的标准规定，叉车的正常工作条件是：在水平的地面上工作；运行时货物处于较低的位置；堆垛时门架处于垂直位置。在这种正常工作条件下，叉车要保证 4 项稳定性：满载堆垛时的纵向稳定性；满载运行时的纵向稳定性；满载堆垛时的横向稳定性；空载运行时的横向稳定性。

1. 满载堆垛时的纵向稳定性

满载堆垛时的纵向稳定性是指叉车在水平路面上、门架垂直、额定起重量位于规定的载荷中心、货叉升到最大起升高度进行堆垛或拆垛时抵抗纵向倾翻的能力。

2. 满载运行时的纵向稳定性

满载运行时的纵向稳定性是指叉车满载、货叉升起 300 mm、门架后倾至最大后倾角、在水平路面上以最高车速行驶中急制动时抵抗纵向倾翻的能力。

3. 满载堆垛时的横向稳定性

满载堆垛时的横向稳定性是指叉车满载、货叉升到最大起升高度、门架后倾最大角度、在水平弯道上低速转弯接近货堆时抵抗横向倾翻的能力。

4. 空载运行时的横向稳定性

空载运行时的横向稳定性是指叉车空载、货叉升起 300 mm、门架后倾最大角度、叉车在水平路面上行驶中急转弯时抵抗横向倾翻的能力。

四、叉车安全操作规程

(1) 严格执行叉车例行维护规范对车辆进行检查、保养，使车辆各部件保持良好工作状态，严禁带病出车。

(2) 驾驶员在作业前必须注意周围，确定无妨碍后，方可鸣号起步，起步要稳，注意保护行人。

(3) 气压式制动的气压表读数达到规定值方可起步。

(4) 叉车载物起步时，所载物品要放置平稳、牢靠，载荷分布均衡，不得偏斜，载运高大、贵重、易损物品时要捆牢。

(5) 行驶时，货叉底端距地面高度应保持 300～400 mm，起重门架要后倾。

(6) 行驶时，不得将货叉起升过高，进出作业现场或行驶中，要注意上空有无障碍物刮碰。严禁将货叉起升过高进行长距离载物行驶。

(7) 行驶中，应避免急刹车和高速转弯。

(8) 内燃叉车在任何情况下严禁熄火滑行。

(9) 严禁横跨坡道行驶和在坡道上转弯。

(10) 载运影响驾驶员视线的货物时，应倒车低速行驶。

(11) 禁止用制动惯性溜放货物；禁止用货叉挑翻货盘的方法卸货；禁止用单货叉作业；禁止超负荷作业；禁止用高速惯性力叉取货物；禁止人员站在货叉上；禁止在码头岸边用货叉直接装卸船上的货物；禁止叉物悬空时驾驶员离车。

(12) 叉车叉物作业时，货叉周围严禁站人，以防倒塌伤人。

(13) 严禁用货叉举升人员从事高处作业。货叉举起后，货叉下严禁站人。

(14) 作业时,应注意车轮不要碾轧物品和防止叉头刮碰物品及作业人员。

(15) 检修时,应将变速杆置于空挡,并采取制动、掩轮以及支顶起重滑架等安全防护措施。

(16) 停车后,应将起重滑架落下,将货叉水平置于地面上。

(17) 蓄电池叉车除应遵守以上有关安全操作规程外,还应遵守蓄电池车的有关安全操作规程。

第三节 蓄电池车的安全操作规程及安全技术要求

蓄电池车是一种以蓄电池作为动力源的工业车辆。蓄电池车与汽车相比有较大的区别,这不仅是它们所采用的动力不同,而且是它们的使用场合也各不相同。蓄电池车有如下特点:

(1) 采用蓄电池作动力,对空气和环境污染程度小,被认为是清洁的动力,适合在室内作业。

(2) 由于受蓄电池容量的限制,蓄电池车仅适宜短途搬运,一般认为在 200~1 000 m 内搬运物料的经济效益最高。

(3) 因驱动功率的储备小,只在坡度不大的场合如机场、车站、仓库、车间等处使用。

(4) 蓄电池车的行驶速度较低,一般在 15~20 km/h 之间。

(5) 蓄电池车外形尺寸小,转向半径小,操纵简便,维修量少,使用效率较高。

(6) 适合在环境温度 -30~$+40$ ℃ 的条件下工作。

从上述特点来看,蓄电池车是企业内部实现短途距离搬运的较好设备,尤其是在室内外之间搬运货物,是其他搬运设备很难与其媲美的。虽然蓄电池车有以上优点,但由于功率小速度低,爬坡能力差，路面适应能力差以及没有防爆设备，不能在易燃易爆的场合工作，所以也限制了蓄电池车的使用范围。

蓄电池车按用途分为蓄电池运输车和蓄电池叉车两类。

蓄电池运输车主要是指平板蓄电池车，它由后桥、前桥、车架、转向系、制动系、直流电动机、电器部分和蓄电池等组成。

蓄电池车的最大特点是用蓄电池作为牵引动力。蓄电池的容量大，可达 500 A·h。在蓄电池车上装用的蓄电池组，由若干蓄电池组成，输出电压在 24~48 V。其他结构与一般车辆基本相同。这里我们重点介绍蓄电池的工作原理及使用。

一、蓄电池的工作原理及安全使用

蓄电池有碱性蓄电池和酸性蓄电池，蓄电池车上常用的是酸性铅蓄电池。分为 DG 及 DT 两种，其中字母"D"表示蓄电池的类型，"G"表示正极板为管式，"T"表示正极板为涂膏式。例如：6-DG-75，其中 6 表示 6 个单体电池串联。D 表示蓄电池车牵引用蓄电池，G 表示正极板为管式结构，75 表示蓄电池额定容量。蓄电池的最大外形尺寸、重量和电器性能，不同的蓄电池有所不同，按 GB74032—87 的规定。

（一）铅蓄电池的工作原理

蓄电池由负极板、正极板、隔离板电池槽、电解液、电池盖、端盖柱等部分组成。

铅蓄电池的充放电是可逆的，它通过铅和稀硫酸之间的化学反应来达到。充了电的正负极板，接上负载后，极板和电解液的作用向负载提供较稳定的直流电流。放电后的极板通以直流电源，经过一段时间，极板和电解液的相互作用，使极板上重新充上电，可以再次放电。放电和充电完全由正、负极板以及电解液的化学反应达到的。

1. 放电时

(1) 正极板由浅褐色的二氧化铅逐渐变为白色的硫酸铅；

(2) 负极板由青灰色的海绵状铅变成白色的硫酸铅;
(3) 电解液中硫酸的浓度降低,比重逐渐下降;
(4) 蓄电池内阻增加,端电压也下降。

2. 充电时

(1) 正极板由硫酸铅逐渐转变成二氧化铅,恢复浅褐色;
(2) 负极板由硫酸铅逐渐变成青灰色的海绵状铅;
(3) 电解液的浓度增加,比重慢慢升高;
(4) 蓄电池内阻逐渐减小,电压逐渐升高;
(5) 充电将要完成时,由于极板的硫酸铅大部分恢复成二氧化铅和铅,因此趋于负极板的氢离子不能再与硫酸铅化合成铅及硫酸了,于是就与电源的电子中和,并从负极板上产生氢气冒出来。同时,趋于正极板的硫酸根离子也不再形成氧化铅和硫酸,而是在电源的作用下释放电子并与水作用产生硫酸和氧气。氧气在正极板处冒出。

(二) 铅蓄电池的安全使用

蓄电池的电气性能与使用寿命,不仅取决于蓄电池本身的质量,而且还取决于用户的使用和维护。

(1) 电池在使用过程中,由于电解液中水分的蒸发,液面的高度降低,比重增大,必须经常调整比重和液面高度。在多数情况下,是加蒸馏水,而不是加稀硫酸,因为水分蒸发较硫酸快。这点必须引起使用维护人员的注意,我们经常见到在蓄电池液面降低时,有人加进电瓶水(即稀硫酸),这样使电解液浓度不断增加,造成极板早期硫酸盐化,大大降低寿命。因此务必要注意只在电解液漏出的情况下,才加稀硫酸调整。

电解液面必须高出防护板 10~20 mm,以免极板硫酸化,降低容量。

蓄电池充电和使用过程中,电解液温度不允许超过 40 ℃,否则蓄电池寿命大为缩短。

(2) 及时充电,充电时必须充足,对放完电的蓄电池必须及时充电，切忌长期搁置。以保证蓄电池经常处于良好的状态，延长蓄电池的寿命。

(3) 充电电压不宜过低，如果充电电压过低，会使蓄电池长期处于亏电状态，容易使极板（主要是负极板）上产生一层较粗大而坚硬的硫酸铅结晶体。这种结晶体导电性差，体积大，会堵塞极板的孔隙，妨碍电解液的扩散，并使蓄电池内阻增大。同时，在充电时，这种粗大的结晶体不如细小颗粒的硫酸铅结晶体那样容易转化为二氧化铅和铅，时间长了就会使极板上有效的活性物质减少，容量降低，寿命缩短。

(4) 充电电压不宜过高，如果充电电压过高，就会出现过充电现象。在过充电过程中，电能主要用于电解水，产生氢气和氧气。氧气会使正极板的栅架铅氧化，机械强度降低而损坏，这是铅蓄电池寿命缩短的主要原因。而氢气从负极板孔隙内逸出时，则产生很大压力，使负极板上的活性物质变酥发脆而脱落。此外，过充电还会加速蒸馏水的消耗，易使极板外露而氧化。

规定 12 V 电系的标准充电电压为 13.8～14.5 V；24 V 电系的标准充电电压为 27.6～29 V。

(5) 电池在使用过程中，必须保持清洁，要经常检查清除蓄电池外壳和盖上灰尘污物及溢出的电解液，防止自行放电现象。

(6) 凡有接头处，在充放电时，要保证接触良好，以免引起火花。

(7) 通气孔不要堵塞，要经常检查加液盖上的通气孔是否畅通，以防蓄电池内气压增加，引起蓄电池爆炸。

(8) 新电池或经处理后的干藏电池，必须保存在 5～35 ℃ 的通风干燥的室内。在同一室内不宜存放碱性电池。严禁放在室外曝晒或淋雨，离热源不得小于 2 m。

(9) 已经使用过并充足电的电池，在存期内，每隔一个月必须用正常充电第二阶段的电流值充电，直到冒升剧烈的气泡为止，以补充电池的自放电和避免极板的硫酸化，它的贮存时间最好不要超过三个月,否则每隔三个月需作一次 5 h 率的全放、全充工作。

(10) 搬运电池时,不能将电池在地上拖曳,不能卧置或倒置,不允许受任何的机械冲击或重压。

(11) 蓄电池在寒冷地区使用时,不能使电池完全放电,以免冻坏电池。

二、蓄电池车的主要技术参数及型号

蓄电池车的主要参数有额定载重量、满载最大运行速度、最小转弯半径、离地间隙、爬坡能力、载货平台尺寸、承载面离地高度、轴距、轮距、自重、额定电压以及蓄电池型号和容量等。蓄电池车的型号国内还没有统一的系列标准,以 2DB-1 型蓄电池车为例。2 表示载重量为 2 000 kg,D 表示牵引用蓄电池,B 表示车型。

1. 额定载重量

蓄电池车在干硬平坦路面上,以额定速度运行时所能载货的质量称为额定载重量。常以 kg 为单位。2DB-1 型蓄电池车为 2 000 kg。

2. 满载最大运行速度

蓄电池车在干硬平坦路面上,载有额定载重量,直线行驶的速度,称为满载最大运行速度。以 km/h 为单位。2DB-1 型蓄电池车为 10 km/h。

3. 最小转弯半径

蓄电池车在方向盘向左或右打足时,以最低运行速度运行,此时车体的最外侧到回转中心的距离称为最小转弯半径。以 mm 为单位。在测定最小转弯半径时,可测得左转前进、后退,右转前进、后退 4 个转弯半径,这时应取其最大值作为最小转弯半径。2DB-1 型蓄电池车最小转弯半径为 4 820 mm。

4. 离地间隙

指车体下部到地面的垂直距离。以 mm 为单位。通常,最小离地间隙是指车体最低处的垂直离地距离。2DB-1型蓄电池车离地间隙为120 mm。

5. 载货平台尺寸

指可容纳货物的平台面积,以长×宽表示,单位是mm×mm。2DB-1型蓄电池车的载货平台尺寸为1 900 mm×1 250 mm。

6. 承载面离地高度

即载货平台的上平面到地面的垂直距离。以mm为单位。2DB-1型蓄电池车的承载面离地高度为650 mm。

7. 轴距

蓄电池车的前轮轴至后轮轴的间距。以mm为单位。2DB-1型蓄电池车的前轮轴至后轮轴的间距为1 550 mm。

8. 轮距

同一轴两端轮子的接地中心间的水平距离,前轴处的轮距为前轮距,后轴处的轮距为后轮距。以mm为单位。2DB-1型蓄电池车的前轮距为960 mm,后轮距为1 040 mm。

9. 蓄电池容量

指蓄电池在一定温度条件下的放电能力,以A·h为单位。蓄电池车用蓄电池的容量以5 h率作为放电的标称容量。如容量为500 A·h的蓄电池能够以100 A电流放电5 h。

2DB-1型蓄电池组的型号为DG-250。电压为40 V。容量为250 A·h。

三、蓄电池车特殊检查

(1) 蓄电池各极柱及连接线的接头应牢固可靠,无氧化物,电解液面应高出极板上端10~15 mm,加液孔盖应齐全且气孔畅通。

(2) 电动机运转平稳无异响,正反转速和工作温升正常,符合出厂规定。电刷接触良好,防护罩齐全。

(3) 电动机悬挂装置与车架、减速箱、支座的连接必须牢固可靠。

(4) 主令控制器必须灵敏可靠,接触器的接点、触头表面清洁,接触良好。

(5) 换向开关、制动开关、电压表灵敏可靠,制动联锁保护、零位保护、紧急断电装置应完好有效。

(6) 连接主令控制器踏板的复位弹簧必须可靠有效,当外力消除后,能使主令控制器返回原位。

(7) 电气控制箱内应清洁、干燥,电器元件及接线端子应固定牢靠。

(8) 过流熔断器、保险丝(片)应符合用电设备安全规定。

四、蓄电池车的安全操作规程

(1) 严格按蓄电池车例行保养规范对车辆进行检查、保养,使车辆各部件保持良好工作状态,严禁带病出车。

(2) 起步前,观察四周,确认无妨碍行车的安全障碍后,先鸣笛,后起步。

(3) 在厂区内按规定的安全道上行驶。

(4) 蓄电池车不准在有易燃、易爆物品的场所内工作。

(5) 在满载情况下,全速行驶时间不应超过1 h。

(6) 蓄电池车不得在雨中行驶。

(7) 不得在起重机吊物下行驶。

(8) 下坡时不得在超过8%的坡度行驶,以防蓄电池车溜滑,上坡时坡度不得超过3%。

(9) 蓄电池车严禁装运易燃、易爆物品。

(10) 严禁用蓄电池车顶推其他车辆。

(11) 行驶电动机和油泵电动机严禁同时使用。

(12) 蓄电池车的电器元件严禁接触金属物件。蓄电池顶面严禁放置金属物件,以防短路伤人。

(13) 蓄电池车停用时应切断总电源,取下钥匙,并对车辆进行认真检查、清洁和处理操作中发现的故障,并检查蓄电池是否需要充电,如需要应及时充电。

(14) 蓄电池车停放处的温度不应低于零下 30 ℃。

第四章　企业内机动车辆运行材料的安全使用及排放标准

汽车运行材料是指汽车在使用中因消耗需不断补充、更新的材料，主要有燃料、润滑材料、各种工作液等。如果润料选择不当，就会腐蚀零部件，产生噪声和振动，进而导致齿轮的轮齿折断，轴承不能转动，使车辆无法安全运行。

另外，由于经济的发展，造成空气、环境各方面的污染，迫使燃油、润料等不断更新换代，降低有害物质，减少对大气、环境的污染。我们在这里介绍新牌号运行材料的性能和用途。

第一节　车辆的燃料

车辆的燃料包括汽油、柴油和天然气。目前以天然气作为燃料的车辆相对于以汽油和柴油为燃料的车辆来说比较少，特别是厂内机动车辆几乎都是以汽油和柴油为燃料，所以，天然气的性质、使用方法等我们这里就不做介绍了。

一、汽油

汽油是石油提炼得到的密度小又易挥发的液体燃料。

(一) 汽油的使用性能

汽油使用性能的主要评价指标是蒸发性及抗爆性，其次是氧化安定性、腐蚀性和其他指标。其主要使用性能如下：

(1) 汽油的蒸发性；

(2) 汽油的抗爆性；

(3) 汽油的氧化安定性;

(4) 汽油的腐蚀性及其他指标。

汽油中的有害物质主要是硫分、硫化物、有机酸、水溶性酸和碱等。此外,汽油中不允许有机械杂质和水分,因为它们对使用的危害性很大。

(二) 汽油的牌号、规格

汽油的牌号是根据汽油的辛烷值大小来划分的。我国目前的汽油标准有两个,一个是 GB484—1993 含铅汽油,另一个是 GB17930—1999 无铅汽油。无铅汽油标准见表 4-1。

表 4-1 车用无铅汽油规格

项 目	质量指标			实验方法
	90 号	93 号	95 号	
抗爆性: 研究法辛烷值 (RON) 不小于 抗暴指数 (RON+MON) /2 不小于	90 85	93 88	95 90	GB/T5487 GB/T503 GB/T5487
含铅量,g/L 不大于	0.005			GB/T8020
含硫量,% (m/m) 不大于	0.10			GB/T380
水溶性酸或碱	无			GB/T259
机械杂质及水分	无			目 测
苯含量,% (V/V) 不大于	2.5			
芳烃含量,% (V/V) 不大于	40			GB/T11132
稀烃含量,% (V/V) 不大于	35			GB/T11132

注:表中为 (GB17930—1999) 节选部分内容。

(三) 汽油的选用

选用汽油就是选用汽油的牌号,汽油牌号中的数字就是辛烷值。选择汽油牌号过高,会造成浪费,过低则会使发动机产生爆震,影响动力性和经济性,严重时还会使汽油机损坏。选用汽油时应注意下述几点:

(1) 根据汽车使用说明书的要求选择汽油牌号。

(2) 根据汽油发动机压缩比选择汽油牌号。一般压缩比高的发动机应选择高牌号汽油,压缩比低的发动机应选择低牌号汽油,见表4—2。

表4—2 发动机压缩比与汽油牌号

汽油机压缩比	<7.5	7.5	8.5	>8.5
汽油牌号	70	90或93	90或93	97

(3) 根据使用条件选择汽油的牌号。高原地区大气压力小,空气稀薄,汽油机工作时爆震倾向减小,可以适当降低汽油的辛烷值。

(4) 根据使用时间调整汽油牌号的选择。汽油机使用时间较长后,由于燃烧室积炭、水套积垢等会使发动机压力增加,发动机就会有爆震,因此,汽车在维护后要使用高一级的汽油。

(5) 选用质量好的汽油。劣质汽油不仅影响使用性能,严重时会导致发动机损坏。

二、柴油

我国设有专门的车用柴油,车用柴油主要是轻柴油。

(一) 柴油的使用性能

柴油的使用性能包括发火性、蒸发性、低温流动性、黏度、腐蚀性及其他性能。

(1) 柴油的发火性,用十六烷值或十六烷指数表示;

(2) 柴油的低温流动性,主要评价指标有浊点、凝点及冷滤点等；

(3) 柴油的蒸发性，用馏程和闪点来控制；

(4) 柴油的黏度，黏度是内摩擦力的度量。柴油的黏度越高，内摩擦力越大，流动性就差；反之黏度越低，内摩擦力越小，流动性就好。黏度是随温度的变化而变化的，温度越高黏度越低，反之温度越低黏度越高；

(5) 柴油的腐蚀性，是由硫分、酸度、水溶性酸或碱性和腐蚀实验 4 个指标来控制的；

(6) 安定性是以实际胶质来控制的；

(7) 清洁性是以灰分、水分和机械杂质等指标控制。

(二) 柴油的选用

国产车用柴油目前尚无统一的国家标准，车用柴油大多使用按 GB252—2000《轻柴油》标准生产的轻柴油。轻柴油按凝点分为 10 号、5 号、0 号、-10 号、-20 号、-35 号、-50 号共 7 个牌号。在使用时，应根据车辆使用说明书要求选用柴油牌号，无使用说明书或说明不全时，应依据使用地区当月风险率为 10% 的最低气温选用柴油牌号。

原则上柴油的凝点必须低于环境温度 3~5 ℃。为保证在最低气温下柴油机也能正常工作，凝点应比环境气温低 5 ℃以上。

10 号轻柴油适合在有预热设备的高速柴油机上使用。具体适用区域和时间：长江以北 6~8 月，长江以南 4~9 月。

5 号轻柴油适用于风险率为 10% 的最低气温在 8 ℃以上的地区使用。

0 号轻柴油适合于风险率为 10% 的最低气温在 4 ℃以上的地区使用。具体适用区域和时间：长江以北 4~9 月，长江以南冬季。

-10 号轻柴油适合于风险率为 10% 的最低气温在-5 ℃以上的地区使用。具体适用区域和时间：长城以南冬季、长江以南严冬。

-20 号轻柴油适合于风险率为 10% 的最低气温在-5~

−14 ℃的地区使用。具体适用区域和时间：长城以北冬季、长城以南黄河以北严冬。

−35 号轻柴油适合于风险率为 10% 的最低气温在 −14～−29 ℃的地区使用。具体适用区域和时间：东北及西北严冬。

−50 号轻柴油适合于风险率为 10% 的最低气温在 −29～−44 ℃的地区使用。

第二节 车辆的润料

车辆润料包括发动机润滑油、齿轮油、润滑脂等。

一、发动机润滑油

发动机润滑油的作用是将金属间的干摩擦转变为液体油层间的液体摩擦，摩擦力显著减少。这样，发动机就能更好地发出有效功率，并使机件的磨损也大为减少。流动的润滑油不仅可以清除摩擦表面上的磨屑等杂质，而且还可以冷却摩擦表面。汽缸壁和活塞环上的油膜还能提高汽缸的密封性。此外，润滑油还可以防止零件生锈。

（一）润滑油的黏度

润滑油有多项性能指标，黏度是最基本的一项指标，通常用运动黏度来表示。黏度表示了液体受到外力作用移动时，液体分子间产生的内摩擦力的性质。润滑油的黏度是随温度变化而变化的，温度高则黏度小，温度低则黏度大。

（二）汽车发动机润滑油（机油）选用

发动机的润滑是保证其正常工作的必要条件，如果选择和使用不当，不仅影响发动机的使用性能，严重时还会导致发动机的突发故障，造成安全隐患。

应根据地区季节气温、汽车的运行状况和发动机技术特性选择润滑油的黏度标号。夏季气温高时要用黏度较大的机油，否则将因机油过稀而不能使发动机得到可靠的润滑。冬季气温低时则要用黏度较小的机油,否则将因机油黏度过大,流动性差而不能输送到零件摩擦表面的间隙中。在严寒地区,如何保证汽车有良好的冬季启动性能是一个重要的问题,而配置和选用合适的机油,则是提高汽车冬季启动性的重要措施之一。目前我国不同黏度标号发动机润滑油适用温度范围见表4-3。

表4-3 我国不同黏度标号发动机润滑油(机油)适用温度范围

原黏度标号	新黏度标号	使用温度范围
严寒区合成8号稠化汽油机油	5W/20	气温在-45~-30℃地区使用(严寒冬季)
严寒区合成14号稠化汽油机油	5W/20	
6D汽油机油	10W	气温在-35~-10℃地区使用(寒区冬季)
寒区8号稠化机油	10W/40	
11号稠化柴油机油	10W/30	气温在-35℃以上地区可全年使用
14号稠化柴油机油	10W/40	
14号稠化汽油机油	10W/40	
6号汽油机油	20	气温在-15~-5℃地区使用
8号柴油机油	20	
10号汽油机油	30	气温在-10℃以上地区使用
11号汽油机油	30	
14号柴油机油	40	夏季磨损较大的发动机使用
15号汽油机油	40	
18号、20号柴油机油	50	供要求高黏度润滑油的柴油机(钻井机等)使用

二、汽车齿轮油

汽车齿轮油和其他润滑油一样，主要功能是减少齿轮及轴承的摩擦与磨损，加强摩擦表面的散热作用，防止机件发生腐蚀和锈蚀。不过汽车传动机构齿轮油的工作条件和发动机不同，因此其对性能的要求也与发动机油不同。通常把用于汽车变速器、后桥齿轮传动机构及转向机构的润滑油称为汽车齿轮油。把用于自动变速器的润滑油称为自动变速器油。

（一）汽车齿轮油的性能要求

汽车变速器、后桥齿轮传动机构及转向机构的工作条件，要求汽车齿轮油应具有较好的极压抗磨性、热氧化安定性及抗腐蚀性能。如果手动变速器和后桥等总成的齿轮和轴承损坏，就会产生噪声和振动，进而导致齿轮的轮齿折断，轴承不能转动，使车辆无法安全运行。齿轮和轴承的损坏与润滑密切相关。

（二）汽车齿轮油的选用

车辆齿轮油的选择首先要根据齿轮的类型、负荷大小、滑动速度选定合适的质量级别。

（1）GL—1和GL—2油适用于低速、低负荷，使用条件缓和的汽车（包括拖拉机）螺旋齿轮，斜、直齿圆柱齿轮，蜗轮蜗杆及手动变速器等。换油里程约20 000 km。

（2）GL—3油适用于中速、中负荷、使用条件较苛刻的汽车、拖拉机中的螺旋齿轮、准双曲线齿轮及手动变速器等，有比GL—1和GL—2更好的使用性能。换油里程约20 000～30 000 km。

（3）GL—4适用于高速低转矩，低速高转矩使用条件苛刻的准双曲线齿轮，比GL—3使用性能好，换油里程达50 000 km。

（4）GL—5适用于高速冲击负荷、高速低转矩及低速高转矩使用条件更加苛刻的双曲线齿轮。比GL—4的使用性能更好。换油里程在50 000 km以上。

(5) GL-6 适用于极高速、冲击负荷条件下工作的双曲线齿轮，包括使用条件极苛刻的高偏置双曲线齿轮，比 GL-5 有更好的极压抗磨等性能，换油周期可达 100 000 km 甚至不换油。

然后再根据使用的最高和最低工作温度来确定齿轮油的黏度级，常见齿轮油的黏度牌号适用温度范围参考表 4-4。

在我国长江以南地区，建议可全年使用 85W/140 黏度级别的多级齿轮油，长江以北地区，可考虑全年使用 80W/90 或 85W/90 齿轮油。

表 4-4 常见齿轮油的粘度牌号适用温度范围

黏度牌号	环境温度（℃）	黏度牌号	环境温度（℃）	黏度牌号	环境温度（℃）
75W	-57~+10	85W/90	-15~+49	90	-12~+49
80W/90	-25~+49	85W/140	-15~+49	140	-7~+49

（三）齿轮油使用中的注意事项

(1) 齿轮油用量应符合规定，不可过多，也不可过少。

(2) 不可将使用性能级别较低的齿轮油用于要求齿轮油使用级别较高的车辆。不同牌号、级别的齿轮油不要掺兑、混合使用。

(3) 不可将齿轮油当发动机油使用。

(4) 齿轮油的使用寿命较长，一般至少可使用 3~4 万 km，使用性能较高的油品在 5~10 万 km。有些高挡齿轮油可不更换，只需按时检查及时补充即可。使用单级齿轮油因换季需要更换但质量尚好还可使用时，放出的旧油应妥善保管，避免污染，以备下次换季时使用。

（5）要按规定调整传动齿轮齿隙、轴承间隙，定期检查齿轮传动机构的密封，防止齿轮油过热、渗漏及水分、粉尘等机械杂质的侵入与污染。

（6）不得在冬季用火烘烤加热齿轮油或在齿轮油中掺兑柴油、煤油等轻质油的办法，改善齿轮油的低温流动性。

（7）更换齿轮油时，应趁热放出旧油并彻底清洗齿轮及齿轮箱后方可添加新油。添加新油时，应注意清洁不使注入的新油遭到污染。

三、汽车润滑脂

（一）汽车润滑脂选用应注意的问题

润滑脂的品种、牌号繁多，性能各异，选用时应注意以下几个方面的问题：

（1）要选用的润滑脂是用于防护还是用于润滑；

（2）使用润滑脂部件的温度、负荷、速度、运转时间等要求如何；

（3）环境温度、湿度情况，长期或周期性的与水、有机溶剂或腐蚀性气体接触情况；

（4）机器运转时是否有突然冲击和间歇启动及振动；

（5）是在自动连续的泵送系统上使用，还是在长期不更换的情况下使用；轴承的密封情况如何；

（6）温度环境有无周期性的变化。

（二）润滑脂的选用

润滑脂的使用主要按汽车说明书的要求选择，也可根据需润滑部位的工作与环境条件，参考润滑脂的使用性能、用途说明来选择（见表4—5）。

表4-5 汽车润滑脂的选择

润滑脂	应用部位
汽车通用锂基润滑脂(GB/T5671—1995)或2号通用锂基润滑脂(GB7324—1987)	轮毂轴承、水泵轴承、起动机轴承、发电机轴承、离合器分离轴承和底盘用脂润滑部分
石墨钙基润滑脂(SH/T0396—1992)	钢板弹簧
工业凡士林(SH0039—1990)	蓄电池接线柱

四、汽车制动液

制动液俗称刹车油,是用于液压系统中传递压力以制止车轮转动的液体。制动液质量的好坏,选择的合适不合适关系到行车安全、驾驶员的生命的安全。对制动液的要求是保证制动迅速而准确,保证制动安全可靠(不得产生气阻),化学安定性好,皮碗膨胀率小,腐蚀要合格,不产生分层、沉淀等。

(一)制动液的选用

按照汽车使用说明书的要求选择制动液,或按汽车使用的环境温度和车辆结构特点选择使用性能符合要求的制动液。选择国产制动液时参考表4-6。

表4-6 HZY和JG系列汽车制动液的特性和使用范围

级	别	制动液的主要特征	推荐使用范围
HZY2	JG3	具有良好的高温抗气阻性能和优良的低温性能	我国广大地区使用
HZY3			
HZY4	JG4	具有优良的高温抗气阻性能和优良的低温性能	我国广大地区均可使用
	JG5	具有优异的高温抗气阻性能	供特殊要求车辆使用

(二)制动液使用中注意事项

(1) 不同品种规格的制动液不能混用,因为不同牌号的制动液具有不同的添加剂配方,混合后会使配方失去平衡,影响性能的发挥,有时甚至会产生互相干扰而失去作用。

(2) 防止水、矿物油或其他杂质混入。

(3) 制动液除按汽车使用说明书要求更换外,一般行车5万km或一年更换一次即可,遇车辆制动系检修时,最好同时更换制动液。更换制动液时,应注意清洁,防止污染制动液。

(4) 制动液多为有机溶剂制成,易挥发、易燃,使用和管理中要注意防火,废弃的制动液应按有关规定及渠道收集回收,不要随意处置。

第三节 汽车的排放污染

随着经济的发展,企业内机动车辆不断增加,私人轿车也日益剧增,以满足生产和生活的需要。随之带来的汽车排放物对空气污染却越来越严重,在许多发达的大城市甚至达到了危害健康的程度。

汽油机汽车对大气的污染源有3个。首先是排气污染,汽油机排出的废气中,主要有害成分是未燃烧或不完全燃烧的碳氢化合物(HC)、氮氧化物(NO_x)、一氧化碳(CO)及含铅汽油所形成的铅化合物等,占汽油机汽车总污染的65%~85%;其次是汽油蒸发泄漏污染,约占汽油机汽车总污染的10%~15%;再一个是发动机曲轴箱内废气溢出,占总污染的20%左右。

柴油汽车对大气的污染源主要有2个:即排气污染和曲轴箱内废气溢出污染。柴油的排气中主要有害成分为黑烟和NO_x。

一、汽车的污染物质对人体的危害

(一) 碳氢化合物(HC)

碳氢化合物有难闻的气味,刺激破坏人体粘膜组织,可引起结膜炎、鼻炎、支气管炎等症状,特别是碳氢化合物中的多环芳香烃危害更大,被认为是致癌物质。碳氢化合物中的烯烃、芳香族系是产生光化学烟雾的根源。

(二)一氧化碳(CO)

一氧化碳无色无味,人吸入 CO 后,CO 被血液吸收,与人体内血红蛋白结合形成碳氧血红蛋白。CO 和血红蛋白的亲和能力非常强,比氧和血红蛋白的亲和力大 250 倍。碳氧血红蛋白形成后,离解很慢,易造成低氧血症,导致组织缺氧。当大气中的 CO 浓度达到 70×10^{-6} 以上时,人在接触数小时后,体内碳氧血红蛋白浓度可达到 10%,导致头疼、心跳加剧等症状。当人体内碳氧血红蛋白浓度达到 20% 左右时,人将出现中毒症状;达到 60% 时,人将窒息死亡。

(三)氮氧化物(NO_x)

发动机排气中的氮氧化物主要是 NO 和 NO_2。NO 毒性不大,但很容易氧化成剧毒的 NO_2。NO_2 对人的呼吸系统有危害,可造成呼吸系统失调。当被吸入人体肺部后,能与肺部的水分结合生成可溶性硝酸,严重时会引起肺气肿。当大气中的氮氧化物达到 5×10^{-6} 时,就会对哮喘病患者有影响;人在 100×10^{-6} 以上的高浓度下呼吸 30 min 以上时,将会陷入危险状态。氮氧化物也是产生光化学烟雾的主要根源。

(四)铅(Pb)

大气中的铅是由使用含铅汽油的汽车排放造成的,对人体健康非常有害。人体中的铅积累到一定的程度时,将阻碍血液中的红血球的生长与成熟,使心、肺等器官发生病变。侵入大脑时将引起头痛,出现一种精神病的症状。

(五)碳烟

柴油机排出的碳烟是汽油机的数十倍,所以碳烟是柴油机排放污染的主要有害成分之一。碳烟本身对人体健康的直接影响不大,对人体危害大的是碳烟颗粒上吸附着的二氧化硫和多环芳香烃、苯并芘等有害物质。它们不仅对人的呼吸系统有害,而且还会使人致癌。

目前汽车排气中的二氧化碳(CO_2)虽没有列入污染物质中,但导致了地球温室效应,还有其他的被归类为温室气体的污染物。温室气体主要包括二氧化碳、甲烷、一氧化二氮、氯氟碳化物等。温室气体的主要影响是使全球变暖。如果地球吸收的太阳能与地球反射到宇宙空间的能量相等,那么地球的温度就能保持不变。但是,地球表面的温室气体阻止能量反射到宇宙空间,因此热量被留在大气层。由于越来越多的温室气体被排放到大气中,造成全球温度持续上升,引起海平面的永久性变化,因此严重损害了全球的生态环境。

二、影响汽车排放的主要因素

(一)发动机的种类

柴油机的排放污染物主要是碳烟,还散发异味。汽油机的排放污染物主要是一氧化碳、氮氧化物等。柴油机与汽油机相比在不采取特殊措施的情况下,其他有害成分均比汽油机低。一氧化碳(CO)按容积计算柴油机小于0.1%,汽油机小于10%。氮氧化物(NO_x)柴油机达到$1\,000\times10^{-6}\sim4\,000\times10^{-6}$,汽油机达到$2\,000\times10^{-6}\sim4\,000\times10^{-6}$。

(二)发动机混合气浓度

混合气浓度一般用空燃比来表示,即混合气中空气与燃料重量之比。理论上1 kg汽油完全燃烧需要空气14.7 kg,这个空燃比为14.7:1,称为理论空燃比。汽油发动机的空燃比一般在10:1~18:1之间。空燃比与排气中有害物排放有关。一氧化碳(CO)的含量随空燃比的增大而下降,即随混合气变稀而降低,在理论空燃比范围内趋于稳定。碳氢化合物(HC)在空燃比约18:1前是随空燃比增大而降低的,之后由于混合气过稀,混合气不易点燃或火焰在传播过程中熄灭等原因而迅速增加。

柴油机的碳烟很大程度上取决于混合气的浓度,混合气稀,烟度就低。

(三) 发动机工况的影响

汽油机在怠速工况时,节气门关闭,由于转速低,进气系统内空气流速低,使得汽油不易雾化,与空气的混合很不均匀,各缸的分配也不均匀,加之汽缸内的压力、温度偏低,汽油气化不良,不能形成合理的空燃比,会造成个别缸缺火现象,因此在怠速工况下,化油器供给的是浓混合气,所排出的使废气中CO和HC可高达7%。同时,还有较多的汽油蒸气。对于柴油机来说,由于怠速喷入燃烧室内的燃料分布不均匀,局部混合气较浓,致使CO生成量增大,然而与汽油机相比,仍小得多。

在小负荷工况(节气门开度从0%～25%)下,进入汽缸的可燃混合气量较少,而上一循环残留在汽缸中的废气占的比例相对较多,不利于燃烧,因此必须供给较浓的混合气,废气中的CO和HC浓度较大。在转速提高时,混合气的混合条件得到改善,废气中的CO和HC含量开始降低。

在中等负荷工况(节气门开度从25%～80%)下,进入汽缸的可燃混合气是稀混合气,所以废气中的CO含量最少,HC的排放浓度也较低。

在接近满负荷工况(节气门开度从80%～100%)时,化油器供给的是浓混合气,排气中的CO和HC浓度增大,而NO的排放浓度减少。

碳烟往往在高负荷时发生,如汽车加速、爬坡或超载时,排气就可能产生碳烟。因为在这种工况下,可燃混合气较浓,加之燃烧室温度较高,燃油的着火延迟期短,如果氧气不能及时渗透,必然使一部分燃油高温分解生成碳烟。

(四) 火花塞间隙及分电器触点的影响

使用经验表明,火花塞电极间隙大于最佳值,则HC排放量将增加12%～14%,对四缸发动机,若一个火花塞不工作,HC排放量将增加 0.5～1 倍。分电器触点间隙过大或过小对最佳点火提前角有明显影响，若间隙变化 0.1 mm 将使点火提前角偏离 6°，则 HC 的排放量可增加 3%。

（五）点火时刻的影响

推迟点火时刻，HC 的排放将减少，这是因为点火时刻推迟后，在燃烧室内的燃烧时间将缩短，由于后燃，将使排气温度上升，促进了 HC 和 CO 的后氧化。另外由于燃烧时降低了汽缸的面容比，使燃烧室内的淬冷面积减小，使排出的 HC 减少。但需要指出的是，采用推迟点火的结果虽然使排气污染物有所下降，但这种下降是靠牺牲燃油经济性换来的。

点火时刻对排气中 CO 浓度的影响较小，但过分推迟点火时刻，易会使 CO 在燃烧室内没有时间完全氧化，而引起排放量的增加。

点火时刻对 NO_x 浓度的影响很大。无论在任何转速和负荷条件下，增加点火提前角，均使 NO_x 的排放浓度增加。这是因为点火提前角增大时，循环压力和燃烧温度提高，废气中 NO_x 的浓度随之增大；反之，NO_x 浓度减少。点火滞后时，由于混合气进入排气管后继续燃烧，提高了排气系统的温度，使废气中的 HC 浓度减少。但是点火滞后将会引起发动机功率下降，油耗增加。

（六）混合气的最高燃烧温度

NO_x 与混合气的最高燃烧温度有密切的关系，温度高，产生的 NO_x 浓度就大。因此，降低混合气的燃烧温度能有效抑制 NO_x 的产生。一般采取降低发动机的压缩比、推迟点火或喷油提前角、降低进气温度、降低进气压力等措施来降低混合气燃烧温度，但这些措施将使发动机的经济性受到损失。目前汽油发动机不追求高压缩比就是为了降低 NO_x 的含量。

（七）缸壁激冷效应

发动机的缸壁激冷效应是产生碳氢化合物（HC）的主要原因。减少燃烧室的表面积与容积比、增加燃烧室紊流、减少燃烧室沉积物的生成等措施是降低缸壁激冷效应的有效办法。

三、排放污染的治理措施

（一）保持良好的发动机技术状态

（1）保持良好的发动机技术状况，保证发动机在不同工况下，均能获得最佳空燃比的可燃混合气；

（2）保持正常的汽缸压力，令燃烧正常进行，同时减少燃气的泄露；

（3）保持良好的点火技术状况，包括足够的点火强度和最佳的点火正时；

（4）及时清除燃烧室积炭，防止发生"爆燃"和"早燃"。

（二）提高驾驶技术

（1）尽量减少起动次数；

（2）起动后适当加大阻风门暖机；

（3）低温时，采取预热保温措施，缩短暖机时间；

（4）行驶时，尽量保持中等负荷稳定工作；

（5）避免在行驶途中猛加速、猛减速；

（6）保持正常的冷却水温。

四、我国的排放法规

我国从 1981 年开始制定机动车辆排放标准，经过调整和补充，于 1993 年实施我国现行标准中最为全面的一个国家标准。1999 年又颁布了 4 项更为严格的新国家标准用以替代 1993 年的部分标准。见表 4—7。

下面列举了部分具体的国家标准。

（一）汽油车怠速污染物排放标准（GB 14761.5—93）

国家标准 GB 14761.5—93《汽油车怠速污染物排放标准》规定了道路用汽油车怠速污染物排放标准值，适用于装有汽油发动机、最大总质量大于 400 kg 最大设计车速等于或大于 50 km/h 的汽车。新汽油车怠速污染物排放标准见表 4—8。

表4-7 我国机动车排放标准

标准号	名称
GB/T18285—2000	在用汽车排气污染物限值及测试方法
GB/T14761.5—1993	汽油车急速污染物排放标准
GB/T14761.6—1993	柴油车自由加速烟度排放标准
GB/T14762—1993	车用汽油机排气污染物实验方法
GB/T3845—1993	汽油车排气污染物的测量,急速法
GB/T3846—1993	柴油车自由加速烟度的测量,滤纸烟度法
GB3847—1999	压燃式发动机及装用压燃式发动机的车辆可见污染物限值及测试方法
GB17691—2001	压燃式发动机和车用压燃式发动机排气污染物排放限值及测量方法
GB/T17692—1999	汽车用发动机净功率测试方法

表4-8 新汽油车急速污染物排放标准
(GB 14761.5—93)

项目 车别	CO(%)		HC($\times 10^{-6}$)*			
			四冲程		二冲程	
	轻型车	重型车	轻型车	重型车	轻型车	重型车
1995年7月1日以前定型的汽车	3.5	4.0	900	1 200	6 500	7 000
1995年7月1日以前的新生产汽车	4.0	4.5	1 000	1 500	7 000	7 800
1995年7月1日起的定型汽车	3.0	3.5	600	900	6 000	6 500
1995年7月1日起的新生产汽车	3.5	4.0	700	1 000	6 500	7 000

*HC容积浓度值按正己烷当量。

(二) 柴油车自由加速烟度排放标准 (GB 14761.6—93)

国家标准 GB 14761.6—93《柴油车自由加速烟度排放标准》规定了道路用柴油车在自由加速工况下烟度排放标准值,适用于装有柴油发动机、最大总质量大于 400 kg、最大设计车速等于或大于 50 km/h 的汽车。新柴油车自由加速烟度排放标准见表 4—9。

表 4—9 新柴油车自由加速烟度排放标准
(GB 14761.6—93)

车 别	烟度值 FSN
1995 年 7 月 1 日以前的定型汽车	4.0
1995 年 7 月 1 日以前的新生产汽车	4.5
1995 年 7 月 1 日起的定型汽车	3.5
1995 年 7 月 1 日起的新生产汽车	4.0

(三) 汽车柴油机全负荷烟度排放标准 (GB 14761.7—93)

国家标准 GB 14761.7—93《柴油机全负荷烟度排放标准》规定了柴油机全负荷工况下烟度排放标准值,适用于汽车用各种柴油发动机,包括:四冲程、二冲程、水冷、风冷、增压和非增压柴油发动机。汽车柴油机全负荷烟度排放标准见表 4—10。

表 4—10 汽车柴油机全负荷烟度排放标准
(GB 14761.7—93)

车 别	烟度值 FSN
定型柴油机	4.0
新生产柴油机	4.5

(四) 国家对在用汽车的排放控制标准

对于在用汽油机汽车国家制订了汽油机怠速时的污染物排放标准,在用柴油机汽车制订了自由加速烟度排放标准,污染物控制标准见表4—11,表4—12。

表4—11 在用汽油车怠速污染物排放标准
(GB 14761.5—93)

车别 项目	CO(%)		HC/(10^{-6})*			
			四冲程		二冲程	
	重型车	轻型车	轻型车	重型车	轻型车	重型车
1995年7月1日以前生产在用的汽车	4.5	5.0	1 200	2 000	8 000	9 000
1995年7月1日起生产的在用汽车	4.5	4.5	900	1 200	7 500	8 000

* HC容积浓度值按正己烷当量。

表4—12 在用柴油车自由加速烟度排放标准
(GB 14761.6—93)

车 别	烟度值FSN
1995年7月1日以前生产的在用汽车	5.0*
1995年7月1日起生产的在用汽车	4.5*

* 经国家环境保护局认可的汽车烟度监测人员,可采用目测法测量,烟度值不得超过林格曼2级。

第五章　企业内机动车辆维护与故障排除

第一节　车辆的维护

根据《汽车运输业车辆技术管理规定》，车辆维护应贯彻"预防为主、定期检测、强制维护"的原则，即车辆维护必须遵照交通运输管理部门规定的行驶里程或间隔时间，按期强制执行，不得拖延，并在维护作业中遵循 GB/T18344—2001《汽车维护、检测、诊断技术规范》中的规定，进行维护，保证维护质量。强制维护是在计划维护的基础上进行状态检测的维护制度，即在计划预防维护基础上增加状态检测的内容以确定附加维护作业项目，使计划维护结合状态检测进行。通过定期检测、强制维护，能及时发现和消除故障及不安全隐患，避免出现作业或运输事故，确保安全生产。

车辆维护分为定期维护和非定期维护。定期维护分为日常维护、一级维护和二级维护；非定期维护包括走合维护、换季维护和对长期停驶或封存车辆的维护。

日常维护的周期为出车前，行车中，收车后。一、二级维护周期应以车辆行驶里程为依据，结合车型、运行条件及使用的燃料、润滑材料等综合考虑确定。也可根据说明书要求进行维护。

一、汽车维护作业范围

车辆维护作业通常包括清洁、检查、补给、润滑、紧固、调整等，除主要总成发生故障必须解体时，不得对其进行解体。

(一) 日常维护作业范围

车辆日常维护是各级维护的基础,属于预防性的维护作业,以清洁、补给和安全检视为作业中心内容,由驾驶员负责执行的车辆维护作业。GB/T18344—2001《汽车维护、检测、诊断技术规范》中对日常维护要求如下:对汽车外观、发动机外表进行清洁,保持车容整洁。对汽车各部润滑油(脂)、燃油、冷却液、各种工作介质、轮胎气压进行检视补给。对汽车制动、转向、传动、悬挂、灯光、信号等安全部位和装置以及发动机运转状况进行检视、校紧,确保行车安全。

1. 日常维护的基本要求

(1) 坚持三检,即出车前、行车中、收车后检视,发动机、底盘应无异响。

(2) 确保四洁,即保持燃油、机油、空气滤清器和蓄电池的清洁。

(3) 保持紧固,即经常检查制动、转向轮胎钢圈等各部连接螺栓、螺母是否紧固。

(4) 及时润滑,车辆收车后,要对转向系统、制动系统、传动系统等各注油点加注润滑油。

(5) 车容整洁,即经常保持车辆外表、车厢和驾驶室内、发动机等各部整洁,及时放尽储气筒内的积水。

(6) 装备齐全,即经常保持车辆装备、附件、随车工具等齐全完好。

2. 出车前、行车中、收车后检查的具体要求

(1) 出车前

①清洁汽车外表。

②检查门窗玻璃、刮雨器、室内镜、后照镜、门锁与升降摇手柄等是否齐全有效。

③检查水箱的水量、曲轴箱内机油量、制动液量(液压制动

车)、燃油箱内储油量、蓄电池内电解液量等是否合乎要求,水箱盖、蒸汽引出管、燃气箱盖、加机油口盖、蓄电池加液孔盖是否齐全。

④检查行车执照、牌照、喇叭、灯光是否齐全有效。

⑤检查转向机构等各连接部位是否牢固可靠。

⑥检查轮胎气压是否合乎规定并清除胎纹内杂物。

⑦检查车轮轮毂轴承、转向节主销是否松动。

⑧检查方向盘自由转动量、离合器踏板及制动踏板的自由行程是否正常。

⑨检查钢板弹簧及其螺栓是否坚固有效。

⑩检查启动发动机有无异响及各仪表工作是否正常。

⑪检查是否漏水、漏油、漏气。

⑫检查车厢和货物装载情况以及拖挂装置是否可靠。

⑬检查随车装备是否齐全。

⑭润滑分电器断电臂及凸轮。

(2) 行车中

①检查发动机和底盘有无异响和异常气味。

②检查离合器的工作情况。

③检查手制动、脚制动的工作情况。

④检查转向机构的工作情况。

⑤检查各仪表的工作情况。

途中停车应检查:

①检查轮胎外表及气压、清除胎纹中杂物。

②检查有无漏水、漏油、漏气现象。

③检查制动器,有无拖滞发热现象。

④检查转向机构、操纵机构等各连接部位是否牢固。

⑤检查拖挂装置是否安全可靠。

⑥检查货物装载是否安全可靠。

(3) 收车后

①清洁全车外表及驾驶室内部。

②检查有无漏油、漏水、漏气现象并补充燃油、润滑油、刹车油（液压制动车）。

③检查冷却系的情况，冬季注意放水。

④冬季气温过低时，蓄电池应进行保温。

⑤装有刮片式机油粗滤器的，应转动手柄 2～3 圈（如解放 CA10B 型）。

⑥检查各连接装置有无松动。

⑦检查钢板弹簧总成状况。

⑧检查轮胎气压状况并清除胎纹中杂物。

⑨将气制动储气筒内的气体放净并关好开关。

⑩检查拖挂装置是否安全可靠。

3. 日常维护 3 个阶段的作业内容归纳如下：

(1) 检查燃油箱、散热器、机油盘、蓄电池液面是否正常，并检查其通气、通风效果。

(2) 检查各部无漏油、漏水、漏气、漏电现象，全车装备是否齐全完好。

(3) 检查转向机件的连接紧固情况，行驶中注意其稳定性和灵活性。

(4) 检查手、脚制动器及离合器的作用，放出储气筒中的积水。

(5) 检查各机件的连接和紧固情况，钢板弹簧有无错乱、折断，拖挂连接是否牢固以及驾驶室、车厢的完好情况。

(6) 注意听察发动机及底盘等各部机件的运转声响。

(7) 检查仪表工作情况及喇叭、灯光、刮雨器的效果。

(8) 检查轮胎外表及气压，视需要进行充气，清除双胎间和胎纹中的嵌石，检查轮胎螺母的紧固情况。

(9) 每日收车后转动机油粗滤器手柄 2～3 转,视需要放出沉淀物。

（10）打扫车厢，清洗底盘，擦拭发动机及各部机件与车辆外表。

通过日常维护，使车辆达到车容整洁，确保机油、空气、燃油等滤清器及蓄电池的清洁，螺栓、螺母不松、不缺，油、水、电、气不渗、不漏，轮胎气压正常，制动、转向灵活可靠，润滑良好，发动机、底盘无异响，灯光、喇叭正常。

（二）一级维护作业范围

一级维护由专业维修工负责实施。其作业中心内容除日常维护作业外，以清洁、润滑、紧固为主，并检查有关制动、操纵等安全部件。一级维护的作业项目有：

（1）清洗车身及底盘，擦拭发动机。

（2）清除点火系统各部件的积炭和积垢，检查并调整电极间隙和触点间隙。

（3）检查和清洗化油器、汽油泵、喷油泵、喷油器、燃油滤清器、空气滤清器，清洗机油粗、细滤清器，放出积垢，排除油箱内的沉积物和储气筒内的油、水及污物。

（4）检查并视需要向发动机、变速器、主减速器、转向器中加润滑油。

（5）车辆各部油嘴配备齐全有效，按规定添加润滑油。

（6）润滑水泵、分电器、传动轴、传向拉杆球头销、离合器踏板轴等各活动部位。

（7）检查和紧固发动机固定螺栓，检查车架、车身内外各连接螺栓及各铆钉的紧固情况。

（8）检查离合器踏板和制动踏板的自由行程及方向盘的自由量，视需要予以调整。

（9）检查散热器、水泵及水管是否渗漏。

（10）检查制动阀、总泵、制动管道、气室分泵等的连接、固定和密封情况。

（11）检查轮胎外表及气压情况，视需要进行充气。

(12) 检查发动机转动情况并听察有无异响。

(13) 检查电器设备。

①清除发电机、电动机上的污垢和尘埃。

②检查喇叭、灯光、信号设备和电气仪表的工作情况。

③检查电解液液面高度,视需要添加蒸馏水,疏通加液孔盖上的通气孔。

(三) 二级维护作业范围

二级维护由维修企业负责执行。其作业中心内容除一级维护作业外,以检查、调整转向节、转向摇臂、制动蹄片、悬架等经过一定时间的使用容易磨损或变形的安全部件为主,并拆检轮胎,进行轮胎换位,检查和调整发动机工作状况及排气污染控制装置等。

二级维护检测项目共有13项,检测车辆根据技术状况确定所需检测项目。这13个项目是:发动机功率,气缸压力;汽车排气污染物,三元催化转化装置的作用;电控燃油喷射系统;柴油车的供油提前角、供油间隔角及喷油泵供油压力;制动性能中的制动力;转向轮定位,主要检查前轮定位角和转向盘自由转动量;车轮动平衡;前照灯;操纵稳定性,有无跑偏、发抖、摆头;变速器有无泄漏、异响、松脱、裂纹等现象,换挡是否轻便灵活;离合器有无打滑、发抖现象,分离是否彻底,结合是否平稳;传动轴有无异响、松脱、裂纹等现象;后桥(主减速器)有无泄漏、异响、松动、过热等现象。

(四) 汽车走合期的维护范围

新车、大修车以及装用大修发动机的汽车投入使用的初期称为汽车走合期。汽车走合期必须遵守如下规定:

(1) 走合期里程不得少于 1000 km。

(2) 选择较好的道路并减载限速运行。一般汽车按载质量标准减载20%~25%,并禁止拖带挂车。

(3) 严禁拆除发动机限速装置。

（4）严格执行驾驶操作规程，平稳接合离合器，及时换挡，避免突然加速和急剧制动。

（5）认真做好日常维护工作，经常检查、紧固各部外露螺栓、螺母，注意各总成在运行中的声响和温度变化；应特别注意变速器、后桥、轮毂及制动鼓的温度，如有严重发热，应予调整；应特别注意机油压力和控制冷却水的正常温度。

（6）走合200 km后，应按规定力矩和顺序拧紧气缸盖及进排气歧管螺栓、螺母。

（7）走合500 km后，应在热车状态更换发动机机油。

（8）走合期满后，应进行一次走合维护。

（9）走合维护，走合维护通常由专业维修工负责执行。其作业内容主要有以下项目：

①清洗发动机油底壳，按规定力距检查连杆螺栓和主轴承盖螺柱的紧固情况。

②清洗粗滤器滤芯，并更换发动机机油。

③清洗变速器、后桥、转向器，并更换润滑油。

④紧固前、后悬挂的"U"形螺栓螺母（满载时进行），检查后钢板弹簧固定端的螺柱及小"U"形螺栓的紧固螺母有无松动。

⑤按规定力矩紧固转向机构各带有开口销的螺母。

⑥检查并紧固制动底板的紧固螺栓螺母、底盘和传动部分的连接、车身和车厢的连接。

⑦调整点火正时、发动机怠速，检查气门间隙。

⑧进行一次一级维护。

另外，走合期后进入正常行驶的初期，仍要控制车速不得过高，而且不要超载。

（五）换季维护

为了保证车辆在冬、夏季的合理使用，正常运行，必须采取相应措施，以适应气候的变化。

在季节转换之际，应结合一级或二级维护作业，附加换季维

护内容,附加项目如下:

(1) 检查保温装置,修理百叶窗。

(2) 检查冷却系,清除水套、散热器内的水垢,检查节温器性能和放水开关等。

(3) 调整油、电路和歧气管预热装置。

(4) 按规定调整蓄电池的电解液比重。

(5) 按标准清洗并加注冬、夏季润滑油。

(6) 冬季应采取防寒、防冻、防滑等措施。

二、蓄电池车的维护范围(平板蓄电池车和蓄电池叉车)

(一) 蓄电池车的日常维护范围

日常维护是各级的基础,由驾驶员负责进行,其工作内容是以检查、清洁为主。

1. 出车前应进行的项目

(1) 检查保修项目是否修好及是否符合技术要求。

(2) 检查脚制动、手刹车是否良好。

(3) 检查转向机构是否灵活。

(4) 检查起重链有无损伤,固定是否牢固。

(5) 检查悬挂式电动机及卧式电动机固定螺栓及防护带否牢固。

(6) 检查减震板簧及螺栓。

(7) 检查蓄电池组储电量和电解液液面是否正常。

(8) 检查喇叭、照明及仪表是否正常。

(9) 检查控制屏是否清洁干燥。

(10) 检查接触器分离情况及触头表面有无烧灼现象。

(11) 检查主令开关对应小凸轮转动角度的关合情况是否正常。

(12) 检查蓄电池组各连接处螺栓是否紧固、安全。

(13) 检查电气线路各接线有无磨损、短路和松动。

(14) 检查各操作手柄是否处于零位或空挡。
(15) 检查轮胎气压是否合适。
(16) 检查润滑系统。

2. 行车中应观察仪表是否正常,听、查各部位有无异响、异味。

(1) 检查制动器工作情况。
(2) 检查转向机构工作情况。
(3) 检查接触器有无粘连现象。
(4) 检查液压系统工作情况。
(5) 检查电气控制系统工作情况。
(6) 听直流电动机有无异响。
(7) 听减速器有无异响。
(8) 听差速器有无异响。
(9) 听油泵有无异响。
(10) 闻电动机有无异味。
(11) 闻电气线路各导线有无异味。

3. 收车后应进行以下作业

(1) 车外部擦洗清洁。
(2) 用压缩空气或手风箱清扫电气控制屏。
(3) 用抹布沾5%的碳酸钠或氢氧化铵溶液擦去蓄电池极柱及表面的外溅电解液。
(4) 检查有无漏电解液现象并及时排除。
(5) 检查有无漏油现象并排除。
(6) 检查钢板弹簧、电动机保护带、螺栓等有无松动。
(7) 检查起重链、起重叉、门架、护架是否有裂纹及损坏。
(8) 检查蓄电池组电压,并检查是否需进行充电。
(9) 将各开关、手柄置于零位或空挡,切断电源,取下钥匙。

(二) 一级维护

一级维护是由维修专业人员进行维护，其作业范围如下：

(1) 检查紧固车辆全部外露螺栓、螺母。

(2) 检查各总成内润滑油液面，视需要加添润滑油。

(3) 检查控制屏各接头焊接处并进行紧固补焊。

(4) 检查接触器触头接触是否良好。

(5) 对蓄电池各卡头进行清洁、紧固。

(6) 清洁电动机外表及电刷架。

(7) 对全车各润滑部位加注润滑脂。

(三) 二级维护

由专业修理工负责，除完成一级维护规定的作业项目外，其作业规范如下：

(1) 检查调整制动系统。

(2) 检查调整转向机构。

(3) 检查前后轮毂及轮胎，并进行轮胎换位。

(4) 调整电动机电刷弹簧压力，紧固刷架、刷握，更换轴承润滑油。

(5) 检查接触器，调整紧固弹簧、触头、导线等。

(6) 检查电气控制屏，紧固、焊牢更换部分电子器件及导线。

(7) 检查减速器、联轴节。

(8) 检查蓄电池并进行充电。

(四) 蓄电池车的非定期维护

(1) 蓄电池车在大修后的走合期间，要特别注意日常维护。经常检查、紧固各部位螺栓，注意各总成在运行中的响声、气味及温度，如有异常时，应及时进行调整或修理。

(2) 按标准换用冬、夏季润滑油。

(3) 夏季电池中电解液易发挥，因此，每天应检查液面高度，检查加液孔是否畅通，并根据需要添加蒸馏水。

第二节 车辆典型故障的诊断和排除

一、汽油机油电路典型故障的诊断与排除

（一）汽油机不能起动的处理

1. 故障现象

打开点火开关，启动发动机，起动机运转正常，但发动机不能起动；观察电流表动态：指针指在"0"位不动；指针指示放电位置不摆动；指针指示放电并做间歇摆动。

2. 主要原因

低压电路短路或断路；分电器触点间隙过大或烧蚀、脏污；点火线圈的低压绕组短路；高压电路漏电；油路有故障不来油；点火不正时。

3. 诊断与排除

（1）先打开点火开关，启动发动机，观察电流表指针摆动情况（电流表须完好）。若指针不动即说明低压断路；若指针偏向 3~5 或更大位置不摆回，即说明低压线路短路，或触点无间隙。

（2）若电流表指针在 0~5 之间来回摆动，即说明低压电路完好，故障应在高压电路。

（3）拔下中央高压总线距缸体 5 mm，启动发动机或手拨动断电器触点，若火花强烈，则表明高压电路及点火线圈良好。

（4）接通点火开关，摇转曲轴，观察高压分线是否跳火，有火即表明高压正常，无火则表明高压电路有漏电现象，应检查分电器盖，分火头，并视情况予以更换。

（5）若仍不能起动，应检查点火是否正时，点火顺序是否错乱，应予以调整。

（6）经上述检查仍不能起动，则说明油路有故障，检查浮子室存油情况，若油平面正常，应观察喷嘴是否喷油，方法是用手

扳动节气门臂，喷嘴此时应有油喷出，若不喷油，则说明化油器内有堵塞或加速泵失效，应打开化油器上盖进行检查。

(7) 若浮子室油面太低或无油，此时应拆下化油器进油管接头，摇转曲轴，并注意观察进油管是否出油充分，若出油充分，说明故障在浮子室内，应检查进油针阀能否打开，滤网是否通畅，浮子室油面调整是否正常。

(8) 若进油管出口出油不充分或没有油，此时应检查汽油泵，方法是用手油泵泵油，若油泵出油管出油充分，则说明汽油泵驱动装置磨损或折断。若出油不充分，可拆下汽油泵进油管，压低进油管于油箱平面下，观察汽油泵进油管是否出油，若出油说明汽油泵有故障，应检查膜片是否破裂，进出油阀是否密封，壳体间接合是否密封。

(9) 若压低进油管无油流出，说明汽油泵至汽油箱之间泄露或堵塞，应逐段检查于以排除。

(二) 汽油机不易发动的处理

1. 故障现象

有可以发动的征兆，但不易发动运转。

2. 故障的排除

(1) 油路的故障：

①混合气过浓，油面调整不当，化油器外渗油，火花塞电极处有油，排气管放炮，冒黑烟。应调整油面，检查针阀是否关闭不严，浮子是否渗油或卡住；清除油物。

②混合气过稀，化油器回火，应检查油路是否堵塞或漏气；油面过低应调整油面。

(2) 电路故障：

①火弱。先检查点火系低压电路是否松动，再检查分电器断电触点，是否有脏污或间隙过小，再检查电容器是否失效和点火线圈是否损坏。

②点火不均。主要是个别火花塞不工作或火花塞间隙不一致，

或个别缸高压线圈潮湿漏电等。

③点火正时不准,点火时间过早或过迟,应重新调整点火正时。

(三) 汽油机工作震动的处理

1. 故障主要原因

(1) 油路原因:

混合气各缸分配不均(个别进气歧管有堵塞和进气门开度不一致)。

(2) 电路原因:

①个别缸不点火。

②点火提前角过大。

③点火错乱或分电器盖裂纹窜电。

④各缸火花塞跳火强度不一致。

2. 诊断与排除

(1) 检查各缸分缸线的排列是否有错。

(2) 用单缸试火检查是否有个别缸不工作。

(3) 检查调试点火提前角。

(四) 汽油机爆燃的处理

1. 故障现象

车辆在爬坡和急加速时出现强烈的类似金属撞击的响声。

2. 故障原因

(1) 油路原因:

①混合气过浓。

②汽油牌号小于规定使用的牌号。

(2) 电路原因:

①点火提前角过大。

②火花塞过热和燃烧室积炭严重。

(3) 发动机温度过高和压缩比过大。

3. 诊断与排除

(1) 检查发动机温度是否超过正常工作温度。
(2) 检查使用的汽油牌号。
(3) 检查排气烟色是否呈黑色。
(4) 转动分电器外壳调小点火提前角再试运行。
(5) 拆下火花塞检查型号是否符个规定和观察火花塞是否严重积炭。火花塞型号不对应予更换，积炭应于清除。
(6) 检查并视需调整压缩比。

(五) 汽油机运转不正常

1. 怠速不良的处理

(1) 故障现象：

发动机起动后，油门不能完全放松，否则就会熄火；怠速运转不稳，很快便熄火；怠速运转时，发动机抖动，转速不均匀；怠速运转时，发动机转速过高。

(2) 主要原因：

电路上引起的原因：火花塞工作是否良好，分电器断电触点是否烧蚀，点火正时不对；油路上引起的原因：供油不足或过剩。机械故障，气门间隙过大或过小使气门漏气或有时卡滞。

(3) 诊断与排除：

①首先检查电路：可将发动机转速提高到中速，用逐缸断火法检查各缸工况。拔下某缸高压分火线或用起子短路某缸的高压分火线，若此缸断火后，发动机怠速无变化，则说明该缸工作不良，应检查火花塞工作情况。若断火后有转速变化可进行反复加速试验，当出现严重的金属敲击声时，则说明点火时间过早；若感到发动机声响发闷，加速不良，则说明点火时间过迟；

②检查油路：抬起油门踏板发动机就熄火，说明化油器怠速调整不当，怠速量孔堵塞，真空管路漏气，浮子室油平面过高或过低；

③若化油器油平面合适，但排气中有生油味，或发动机熄火后，汽油从节气门轴处向外溢出，应检查真空省油器是否失控；

④急速不稳而熄火，说明化油器有关部位漏气，造成混合气过稀所致，应仔细查找予以排除；

⑤急速运转时急速不稳，发动机抖动，转速不均匀，说明个别缸工作较差，急速电磁阀工作不良，急速空气量孔堵塞；

⑥急速运转时转速过高，说明节气门关闭不严或节气门轴松旷。应检查节气门是否有卡滞现象，并调整节气门位置。并调整急速调节螺钉，减少急速喷孔开度，以免供油过多。

2. 高速不良的处理

（1）故障现象：

发动机、低速时运转良好，进入高速时排气管发出无节奏的"突突"声。

（2）主要原因：

化油器内部有故障造成供油不足；由点火线圈、电容器工作不良及火花塞和分电器断电间隙调整不当引起。

（3）诊断与排除：

①检查油路。拉动阻风门时若好转，说明化油器供油不足、或调整不当以及主供油装置有轻微堵塞，应旋松主量孔配剂针，或拆下针阀清除堵塞物；不好转，应检查化油器油平面是否过低，汽油泵和汽油滤清器是否正常，有无堵塞，汽油泵摇臂轴是否磨损；检查进气歧管是否漏气，汽油箱上油管是否堵塞。

②检查电路。检查点火时间是否过早或过迟，并予以调整；经过调整仍无好转，可检查点火线圈、电容器是否良好，检查火花塞及断电器触点间隙是否过大，如不符合，应予以调整。

3. 加速不良的处理

（1）故障现象：

急加速的瞬时混合气变得很稀，排气消声器发出有节奏的"突、突"声，化油器有回火现象。而在急速和节气门缓慢开大时工作正常。

（2）主要原因：

检查分电器断电触点间隙是否过小；检查点火正时是否过迟或点火提前装置是否失效。化油器加速泵连动装置松旷或脱落；加速泵柱塞磨损过量，皮碗破裂或加速泵弹簧过软；加速泵进、出油阀关闭不严密；加速喷嘴或油道堵塞；真空省油器失效。

（3）诊断与排除：

①检查电路：打开点火开关，摇转曲轴有反转现象，说明点火提前角过大，点火时间过早。检查分电器断电触点间隙是否正常，有必要时，进行调整；检查点火提前装置是否有故障，如有可能进行检修或更换新件。

②检查油路：看浮子室油平面高度，检查加速联动是否松脱；若油平面正常，联动也良好，可踏动油门踏板，听化油器内有"咻、咻"的喷油声；若没有喷油声，则说明加速泵有故障或油道堵塞或加速泵联动装置失效；检查机械省油器量孔是否扩大或不密封，球阀弹簧折断真空省油器是否漏气。

4. 化油器回火的处理

（1）故障现象：

加速时化油器有"回火"；发动机动力下降，行驶无力；急开节气门时，发动机转速升高并且容易熄火。

（2）主要原因及故障排除：

①电路为点火过迟；分电器搭铁不良；火花塞积炭过多，过热。

②油路为混合气过稀；加速泵失效或油平面过低。

③机械故障。排气门关闭不严，卡滞、弹簧折断等。

二、柴油机典型故障

（一）柴油机动力不足的处理

（1）故障现象：

拖拉机大负荷工作时，油门踩到底感到功率明显不足。

(2) 主要原因：

燃油或空气供应不畅；柴油中有水；喷油泵供油时刻过早或过迟；喷油泵、喷油器工作不良；使用柴油牌号不对。

(3) 诊断与排除：

若拆掉空气滤清器后，柴油机运转明显好转，则是空气滤清器堵塞，造成发动机工作时供气不足引起动力下降。可对空气滤清器滤芯除尘或更换滤芯来排除。

旋开喷油泵放气螺塞，抽动手油泵，观察燃油中是否有水珠；燃油是否呈泡沫状，若呈泡沫状，说明油路中有空气。

检查柴油牌号是否正确。尤其在冬季，若牌号不符合要求，可能由于柴油过稠、流动不畅，影响发动机工作。检查放出柴油观察其黏稠度即可。若太黏稠，更换低牌号柴油即可。

若柴油机急加速不灵敏，并伴有沉闷的敲缸声，柴油机机器温度又过高，则是喷油过迟；若柴油机机器急加速时爆震声逐渐增大，且排气管冒黑烟，则是喷油过早。

若排气中黑烟较多，则可能是喷油器工作不良，喷油质量不好；若在无负荷时急加油门，柴油机转速可以上升，但排气冒烟极少，则可能是喷油器供油量少。

(二) 柴油机转速不高的处理

(1) 故障现象：

油门踏到底，柴油机达不到最高转速。

(2) 主要原因：

柴油机工作时得不到最大供油量。具体原因可能是，调速器调整不当或调速弹簧过软、折断；喷油泵工作不良，或供油拉杆调整、安装不当，不能提供最大供油量；输油泵工作不良或油路中有空气。

(3) 诊断与排除：

踏下油门，若排气管冒黑烟，可拆下空气滤清器。若柴油机转速升高、黑烟减少，则说明空气滤清器有堵塞。可对滤芯进行处理，清除进气阻碍。

油门踏到底时，排气管不冒烟，应检查油门拉杆调整是否正确，同时检查排气系统是否堵塞。若存在上述故障，应分别调整和疏通。

调整调速器高速限止螺钉和最大供油量限止螺钉，使其向供油量增大方向变化。若柴油机转速增大且运转有力，则说明调速器调整不当，柴油机最大供油量不足。增大供油量至最大时应慎重，以免超过柴油机的额定供油量，使柴油机超负荷工作，影响其使用寿命。

（三）供油不畅的处理

(1) 故障现象：

发动机启动困难，或加大油门时，发动机转速仍不能提高。

(2) 主要原因：

低压油管阻塞、脱焊露气；柴油滤清器滤芯堵塞；输油泵供油量不足或损坏；高压油管破裂漏气。油箱内油量不足；油箱盖空气孔不通。

(3) 诊断与排除：

首先检查油箱油量是否充足，油箱出油阀门是否打开，油箱盖空气孔是否通畅。

拧开喷油泵上的放气螺塞，用输油泵上的手油泵泵油，检查油路中是否有空气。如果从放气螺塞口流出的柴油呈泡沫状，说明油路中有空气渗入，可用手油泵泵油至泡沫完全消失后，拧上放气螺塞。若泡沫不断，说明油箱至输油泵一段油路有破裂进气之处，可以直接观察查找漏气处，也可用嘴式打气筒向管路内充气，通过漏气检查确定漏气处。对漏气处可根据不同特点采用焊补、紧固或更换等方法排除故障。

抽动手油泵时，若感到手泵有吸力，松开后手泵自动回位，说明油箱至输油泵的油路堵塞；若在推压手泵时感到有阻力，说明输油泵至喷油泵的油路堵塞;疏通堵塞部位或清洗、更换柴油滤清器滤芯,消除油路不畅现象。

(四) 排气管冒黑烟的处理

(1) 故障现象:

柴油机运转无力,运转不均匀且排出大量黑烟,加大油门时有敲击声。

(2) 主要原因:

主要原因是柴油在气缸内不完全燃烧所致。具体原因是空气滤清器堵塞,喷油器喷油质量不良,喷油泵供油量过多,气缸压力过低,供油时间过早(喷油提前角过大)。

(3) 诊断与排除:

拆下空气滤清器,启动柴油机。若柴油机运转正常,排气管不冒烟,则为空气滤清器堵塞。

逐缸进行断油试验,若某缸断油时柴油机转速明显降低、黑烟减少、敲击声变弱或消失,则该缸供油量过多。若柴油机转速变化小而黑烟消失,说明该缸喷油器喷油质量不良。故障排除方法是校正喷油泵供油量或检修喷油器。

用压力表对各缸压缩压力进行测量,若压力过低,应对气缸、活塞、活塞环等的技术状况进行检修。

按前述方法对喷油时刻进行检查、调整。

(五) 排气管冒蓝烟的处理

(1) 故障现象:

柴油机启动初期排气冒蓝烟,温度升高后排气冒烟呈深灰色。

(2) 主要原因:

大量机油窜入燃烧室,影响了气缸内的正常燃烧。具体原因是油底壳内机油液面过高;气缸与活塞或活塞环之间磨损过大,造成机油上溢;气门杆与气门导管间因磨损间隙增大,造成机油由此进入气缸。

(3) 诊断与排除：

首先检查油底壳机油液面，过高则放出部分机油；用压力表检查各缸压缩压力，若某压力低于标准，则该缸气缸、活塞或活塞环磨损严重，应进行检修。检查气门杆与气门导管间的间隙大于标准时，应进行检修。

(六) 排气管冒白烟的处理

(1) 故障现象：

柴油机运转无力，运转不均匀，排气管冒出大量白烟。

(2) 主要原因：

一是喷油正时过晚（喷油提前角小）燃烧不完全造成的；二是气缸内渗漏进水，蒸发后变成水汽排出。

(3) 诊断与排除：

若柴油机运转无力，排出的为灰色烟雾，且高速运转时工作不均匀，加速不灵敏，温度过高，则一般是因为喷油时刻过迟。检查前调整喷油泵供油时刻。

若柴油机运转无力且排出白色水汽，则为气缸内进水。造成的原因包括气缸破裂、气缸垫冲坏或柴油中含水。

(七) 柴油机工作粗暴的处理

(1) 故障现象：

柴油机运转、大量排烟的同时，伴有明显的着火敲击声，且声响随油门变化而明显变化，油门加得越急，响声也越大。

(2) 主要原因：

喷油时刻过早或过迟；喷油不均匀，甚至个别喷油器不喷油或喷油雾化不良；柴油机充气效率不足；柴油机温度过低或压缩力不足。

(3) 诊断与排除：

若着火燃烧响声均匀，则说明各缸工作状况类似，所以故障的原因是供油时刻不正确。对喷油泵油时刻进行检查调整。若着火燃烧声不均匀，则工作粗暴的原因可能是来自供油量过多的气缸，可用逐缸断油法进行检验，并对喷油泵供油量一致性进行调整。检查发动机进气管道是否通畅，气缸压为是否过低，若不正常应予以排除。

（八）柴油机"飞车"的处理

（1）故障现象：

柴油机转速失去控制，以至超过允许的最高转速，即使减小油门转速仍降不下来，同时伴有巨大的啸声和浓烟。

"飞车"属于严重事故，具有极大危害性，若严重超速，在惯性力作用下，会造成连杆螺栓断裂，打坏缸盖、机体、活塞等机件，甚至会发生曲轴平衡块和调整器飞块被甩掉、飞轮破裂、气门弹簧折断等严重事故，并直接威胁人身安全。

（2）主要原因：

调速器机件发生卡滞、松脱、断裂等故障，使调速器不能正常工作，失去对喷油泵最大供油量的限制作用；柴油机工作时，有额外的柴油或机油进入燃烧室，参与燃烧。

（3）解决措施：

"飞车"现象一般是突然发生的，在极短的时间内便会造成严重危害。因此发生"飞车"现象时，不要慌张，应采取以下几种措施使柴油机停止运转。切断供油，迅速将油门拉到停机位置，若无效时，再迅速旋开高压油管连接螺母，终止向气缸内供油，使柴油机缺油而停止运转；切断供气，若柴油机装有防爆装置时，可直接利用它将进气终止；对小型柴油机，可直接用棉衣等物品堵塞空气滤清器，或迅速拔下空气滤清器，用物品直接堵塞进气口，使柴油机因无法进气而熄火停止转动；若在作业过程中，可挂上高速挡，缓慢接合离合器，使柴油机超载而熄火。

三、车辆行驶时常见的故障诊断与排除

（一）行驶时转向沉重的处理

（1）故障现象：

汽车在转向时，转动转向盘感觉沉重费力。
(2) 主要原因：
①前轮定位失准；
②滚轮和蜗杆啮合过紧；
③转向节主销与衬套装配过紧；
④转向器和转向传动机构润滑不良；
⑤前轮胎气压不足；
⑥转向轴弯曲，刮碰套管。
(3) 诊断与排除：
调整前轮定位和有关啮合、配合部件；润滑转向传动机构；前轮胎充至标准气压；校正转向轴，必要时更换。
(二) 行驶跑偏的处理
(1) 故障现象：
汽车行驶时，不能保持直线方向，而自动偏向一边。
(2) 主要原因：
两前轮轮胎气压不均匀或轮胎直径不等；两端主销后倾角或车轮外倾角不相等；前束过大或过小；有一边前钢板弹簧错位、折断、两边弹力不均；前轮左右轮毂轴承松紧调整不一；转向节臂、转向节弯曲变形；前轴车架变形或左右轴距相差过大；有一边车轮制动拖滞。
(3) 诊断与排除：
汽车行驶中跑偏，可以先摸一下跑偏一边的制动鼓和轮毂轴承处是否发热。若发热，说明制动拖滞或一个车轮轴承过紧；如换过轮胎，则应检查轮胎尺寸是否一致，轮胎气压是否均匀；若以上均属正常，前钢板弹簧也良好，应对前轮定位、前轴变形、左右轴距做测量检查。
(三) 气压制动力不足的处理
(1) 故障现象：
汽车行驶中，将制动踏板踩到底后，车辆不能立即减速、停车、制动距离延长；停车后检查，地面没有轮胎拖印或拖印很短。

（2）主要原因：

空气压缩机工作不正常，贮气筒气压不足；踏板自由行程过大；控制阀和制动气室膜片破裂或损坏；气管破裂或接头松动漏气；制动调整臂蜗杆调整不当及制动气室推杆行程过长；制动蹄片与制动鼓间隙过大。

（3）诊断与排除：

中速运转发动机数分钟后，如若贮气筒气压不足，检查空气压缩机皮带张紧度；若空气压缩机皮带正常，则需拆检空气压缩机，检查出气阀密封，和阀座是否松动；如若贮气筒气压能保持正常，踩下制动踏板后有漏气声，应检查制动阀，若有漏气，则需拆检制动阀。若制动阀无漏气声，则再检查制动室或制动软管有无漏气处；贮气筒气压保持正常，踩下制动踏板后也不漏气，但制动效果差，应检查制动踏板自由行程是否过大、制动室推杆行程是否过大，检查制动最大制动阀最大制动输出气压是否达到要求；若以上检查均正常，则应检查制动器间隙是否过大，若车轮制动器间隙正常，则应拆检车轮制动器，检查制动蹄摩擦片是否沾有油污，是否碎裂，其磨损是否超过规定值。同时，还应检查制动鼓是否起槽或失圆。

四、叉车常见故障诊断和排除

（一）叉车液压系统出现故障的处理

1. 门架、起升、前倾或后倾无动作的主要原因

（1）油箱油量不足。

（2）溢流阀的故障：

①回油阀被堵；

②阀簧折损。

（3）油泵的故障。

2. 举不起额定起重量的主要原因

(1) 溢流阀的故障：
①溢流阀调定压力下降；
②起升阀滑阀与阀孔的配合间隙过大；
③阀座密封圈的破损。
(2) 油泵的故障。

3. 起升速度慢的主要原因
(1) 发动机转速慢；
(2) 操纵杆松弛；
(3) 油箱滤网堵塞；
(4) 油泵的泵流量不足。

4. 起升缸自然下降的主要原因
(1) 多路阀滑阀内部泄漏；
(2) 缸筒与活塞的润滑面上有程度不同的伤痕；
(3) 活塞杆面的损伤、变形。

5. 倾斜缸自然前倾的主要原因
(1) 多路阀滑阀的内部泄漏；
(2) 填料中掺入异物；
(3) 活塞杆损伤；
(4) 其他异常变形。

6. 从缸盖漏油的主要原因：
(1) 油封、防尘圈掺入异物；
(2) 油封、防尘圈外径损伤；
(3) 密封圈的损伤；
(4) 有异常变形。

(二) 叉车起升系统出现故障的处理

1. 滑架和门架的卡滞的主要原因
(1) 内门架变形太大；
(2) 滑架、侧滚轮的间隙太小；
(3) 两根起升链条不一样长。

2. 上升、下降不平稳的主要原因
(1) 滑架、侧滚轮间隙调整不当；
(2) 主滚轮回轮不灵活；
(3) 链轮支架和导向杆上下滑动不良。
3. 滑架倾斜的主要原因
(1) 侧滚轮间隙过大；
(2) 链子张紧度左右不均。
4. 门架变形的主要原因
(1) 滚轮的间隙调整不适当；
(2) 偏重及超负荷工作。
5. 门架发生杂音的主要原因
(1) 滚轮回转不灵活；
(2) 门架限位器的缓冲不好。门架两翼板的变形。
6. 叉子顶端的不一致的主要原因
(1) 叉子的弯曲；
(2) 滑架两翼板的变形；
(3) 偏重。

(三) 叉车起升油缸和倾斜油缸出现故障的处理
1. 升起缸自然下降和倾斜缸前倾的主要原因
(1) 油缸内表面的划伤、生锈；
(2) 高压油管漏油；
(3) 多路滑阀漏油严重；
(4) 活塞油封的磨耗、损伤、变形。
2. 起升起缸及倾斜油缸从特定位置自然下降和前倾的主要原因
(1) 滑架、侧滚轮间隙调整不当；
(2) 链轮支架和导向杆上下滑动不良。
3. 动作时油缸振动的主要原因
(1) 活塞杆与活塞不同心；

(2) 高压油管内混入空气；
(3) 油箱内油液不足；
(4) 密封压得太紧。

4．下降速度慢的主要原因

(1) 流量调节阀套黏阻（黏阻是由于液压油的氧化而产生污物沉淀，金属碎屑和棉絮的侵入都产生黏阻）。
(2) 流量调节阀积尘，局部堵塞造成回路压力大。

5．油缸工作速度慢的主要原因

(1) 油泵流量不足；
(2) 油温太高，黏度降低，泄漏增加；
(3) 活塞密封圈的磨耗、损伤。

6．油压不足的主要原因

(1) 主溢流阀调定压力低；
(2) 活塞密封圈的磨耗、损伤。

五、蓄电池车常见的故障诊断和排除

(一) 出现"惊车"的处理

出现"惊车"故障时，驾驶员应当格外沉着、冷静，要立即切断应急开关，以免造成严重后果。

(1) 故障产生的主要原因是接触器头灼烧严重，动触头和静触头黏连等。
(2) 排除方法是把触头触面处理好，并使其保持光滑，接触面应在60%以上，可控硅脉冲调速出现失控，应检查触发线路，密勒积分线路、斯密触发回路是否出现故障或排除继电器失灵等。

(二) 变速控制失灵的处理

(1) 故障的主要原因是主令开关凸轮与微动开关错位，回位弹簧失去弹性等。
(2) 排除方法是调整凸轮与微动开关位置，调整或更新弹簧。

（三）车加速或复回时跳闸的处理

(1) 故障主要原因：是接触器触点不好，导线接触不良，补充充电回路断路，无供电回路等。

(2) 排除方法是整修导线，检修接触器触头、补充充电回路和供电回路等。

（四）电动机运转速度慢的处理

(1) 故障主要原因：是副可控硅损坏，调速踏板转轴凸轮位置不正等。

(2) 排除方法是调整转轴凸轮位置，更换副可控硅。

（五）出现乱挡的处理

(1) 故障主要原因是主令开关接触不良，直流接触器触头灼烧后接触不良，电阻片短路，主线路断路等。

(2) 排除方法是整修导线、接触器、主令开关及微动开关。

（六）油泵电动机不转的处理

(1) 故障主要原因：是微动开关损坏，操作手柄开关位置不正，开关线断，接触器接触不良，电机损坏等。

(2) 排除的方法是调整操作手柄和开关位置，处理各接线头，整修接触器、开关及电动机。

第三节　电喷系统的故障诊断

对于电喷系统查出的有故障的零部件，一般是进行更换；对于松动的电、油路的各接头，予以紧固；对于有泄露的油、气路的各接头予以密封；对于有漏电的线路接头做好绝缘。

一、发动机运转不正常时常见的故障诊断

（一）发动机不能启动时的处理

应按以下顺序进行检查：

(1) 电源线、电喷系统接地线、发动机接地线接头；

(2) 主继电器、汽油泵继电器、各继电器、熔丝；
(3) 汽油滤清器；
(4) 发动机电喷系统的线束各接头；
(5) 汽油压力、供油量、压力调节器；
(6) 喷油器；
(7) 空气流量计；
(8) 发动机转速传感器、曲轴位置传感器或凸轮轴位置传感器；
(9) ECU接口上各端子。

(二) 发动机冷起动困难的处理

发动机冷起动困难时，应按以下顺序进行检查：
(1) 电源线、电喷系统接地线、发动机接地线接头；
(2) 主继电器、汽油泵继电器、各继电器、熔丝；
(3) 汽油滤清器；
(4) 进气系统密封；
(5) 冷却液温度传感器；
(6) 怠速控制装置；
(7) 空气滤清器；
(8) 空气流量计；
(9) 汽油压力、供油量、压力调节器；
(10) 喷油器；
(11) 节气门的开闭（无黏连）；
(12) 发动机电喷系统的线束各接头；
(13) 发动机转速传感器、曲轴位置传感器或凸轮轴位置传感器；
(14) ECU接口上各端子。

(三) 发动机暖机起动困难的处理

应按以下顺序进行检查：
(1) 电源线、电喷系统接地线、发动机接地线接头；

(2) 主继电器、汽油泵继电器、各继电器、熔丝;
(3) 汽油滤清器;
(4) 进气系统的密封;
(5) 发动机电喷系统的线束各接头;
(6) 空气流量计;
(7) 冷却液温度传感器;
(8) 喷油器;
(9) 空气滤清器;
(10) ECU 接口各端子;
(11) 爆燃控制。

(四) 发动机起动后无怠速 (停机) 时的处理

应按以下顺序进行检查:
(1) 电源线、电喷系统接地线、发动机接地线接头;
(2) 主继电器、汽油泵继电器、各继电器、熔丝;
(3) 汽油滤清器;
(4) 进气系统的密封;
(5) 发动机电喷系统的线束各接头;
(6) 怠速控制装置;
(7) 节气门的开闭 (无黏连);
(8) 空气滤清器;
(9) 空气流量计;
(10) 汽油压力、供油量、压力调节器;
(11) 喷油器;
(12) ECU 接口上各端子。

(五) 发动机怠速转速不稳时的处理

应按以下顺序进行检查:
(1) 怠速控制装置;
(2) 进气系统的密封;
(3) 电源线、电喷系统接地线、发动机接地线接头;

(4) 主继电器、汽油泵继电器、各继电器、熔丝；
(5) 发动机电喷系统的线束各接头；
(6) 汽油滤清器；
(7) 节气门的开闭（无黏连）；
(8) 空气滤清器；
(9) 空气流量计；
(10) 汽油压力、供油量、压力调节器；
(11) 喷油器；
(12) ECU 接口上各端子。

（六）发动机性能不良时的处理

应按以下顺序进行检查：
(1) 进气系统的密封；
(2) 汽油滤清器；
(3) 电源线、电喷系统接地线、发动机接地线接头；
(4) 发动机电喷系统的线束各接头；
(5) 汽油滤清器；
(6) 冷却液温度传感器；
(7) 节气门位置传感器；
(8) 空气流量计；
(9) 汽油压力、供油量、压力调节器；
(10) 喷油器；
(11) 氧传感器；
(12) 节气门的开闭（无黏连）；
(13) 车速开关；
(14) ECU 接口上各端子。

（七）发动机出现爆燃时的处理

应按以下顺序进行检查：
(1) 进气系统的密封；
(2) 发动机电喷系统的线束各接头；

（3）爆燃传感器；
（4）怠速控制装置；
（5）节气门位置传感器；
（6）发动机速度传感器；
（7）ECU 接口上各端子。

二、检查注意事项

（1）在发动机运转或用起动机带动发动机运转时，都不要去触碰或拔下高压线，不可沿用检查传统触点式点火系统高压火花的做法，以防损坏点火系统中的电子元件。

（2）拆装点火系连接线以及蓄电池时，必须关断点火开关，否则，可能损坏发动机 ECU。

（3）采用的万用表内阻应当不小于 20 kΩ，这是为了防止万用表内电池的电压损坏电子元件。

（4）检查电路线束的状态时，应先检查线束间的连接器是否松动、断开、是否插接到位或有无腐蚀现象等；检查电线是否有断裂、断开、磨破或线间短路现象。

（5）检查电子点火系统的元器件有无明显的损伤。

三、电喷系统的故障自诊系统的作用

发动机的电喷系统功能比较齐全，同时也比较复杂，若发生故障，故障的诊断也变得比较困难。为能使驾驶员、维修人员及时、准确地判断故障所在，电喷系统一般设有故障自诊断系统。

故障自诊断系统的基本工作原理是：在发动机运转时，控制器监测各部件的工作情况，若系统的某一部件出现了故障，控制器就能监测到该部件已出现故障。例如某传感器出现故障时其输送给控制器的电压将偏离正常电压，控制器接受了这个电压信号后，经与它所储存库的正常电压进行比较，控制器就能判定该传感器是否已出现故障。与此同时，控制器还以故障码的形式，将这一故障储存起来，同时亮起仪表板上的故障指示灯。驾驶员和维修人员看到此灯亮后，即得知该系统有故障，按一定的程序，读取控制器所储存的故障码。根据故障码的含义，就可准确判定故障所在部位。

此外，故障自诊断系统还有使发动机带故障运行（即所谓"破行"）的功能。若系统出现故障、而故障一时无法排除时（如汽车行驶途中检查发动机灯亮），控制器就按预先设定的工作参数，使发动机继续运转，此时发动机即在带故障运行工况下。所以，驾驶员在汽车行驶中一看到检查发动机灯亮，就必须将汽车尽快开到维修点进行检查、维修。

在使用中还要注意：当将点火开关转到"ON"（接通）挡时，在发动机还未起动下，检查发动机灯应亮；发动机起动后，在正常情况下检查发动机灯应灭，此灯若仍亮则表明电喷系统已有故障。

第六章　企业内机动车辆的行车安全技能及防火

第一节　基本安全驾驶技能

随着企业生产的需要,企业内机动车辆不断增加。运输中存在的不安全隐患也不断增加。除了加强对安全行车的认识以外,还必须提高驾驶员安全驾驶的操作技能。

基本的安全驾驶操作技能包括车辆的启动和车辆的驾驶。

一、车辆的启动

1. 出车前的准备和检查

汽车驾驶员应了解和掌握汽车出车前的准备和检查工作的内容,做好行车的充分准备。出车前应做到以下几点:

(1) 检查号牌和随身携带的行驶证、驾驶证等证件是否齐全。

(2) 检查机油、燃油和冷却水是否足量,检查汽车各部分有无漏水、漏油和漏气现象。

(3) 检查蓄电池电解液是否充足,电池极柱导线是否紧固,高压线及低压线有无松脱,以及有无漏电现象。

(4) 检查各操纵机构是否灵活可靠,应重点检查离合、变速、调速、转向和制动机构,特别要仔细检查转向机构和制动机构。

(5) 检查照明和信号系统;检查内容包括蓄电池电解液是否充足,整车线路有无松脱、碰擦或漏电的现象,照明、信号和喇叭的工作情况是否良好,雨刮器工作是否正常。

(6) 检查车轮、半轴螺母是否拧紧,钢板弹簧有无断裂与错开，U形螺栓紧固是否可靠，减震器工作是否正常，各连接件、紧固件是否牢固，各焊接部位有无开裂现象，轮胎气压是否符合规定。

（7）检查传动皮带（或链条）松紧是否适宜，有无严重磨损或断裂现象。

（8）检查驾驶室门窗开关是否安全有效，挡风玻璃视线是否清晰等。

（9）检查货箱板是否牢固，栏板销锁定是否可靠以及货物装载是否符合有关规定。

（10）检查随车工具和备件是否齐全。

2. 车辆的启动

（1）手摇启动：先打开燃油箱开关，排除低压油路中的空气，将调速手柄放在中速位置，右手握紧摇把，五指应在同一侧，以防发动机反转时损伤虎口，左手打开减压手柄，开始慢慢摇转曲轴，逐渐加速，当转速达到最高时，迅速放松减压手柄，右手继续用力摇转曲轴，直至发动机连续爆发着火时，及时抽出摇把。小汽油机和小柴油机都采用人力启动。其特点是结构简单、启动可靠，但劳动强度大，因此功率在 15 kW 以上的柴油机一般不采用这种方法。

（2）电机启动：接通电源开关，气温低启动困难时先将启动开关转到"预热"位置，预热 0.5~2.0 min，若预热后一次不能启动，可进行第二次预热。然后，踏下离合器踏板，同时踏下加速踏板，将电锁转到"启动"位置，等发动机启动后，迅速将电锁松开，使其自动回位，切断电源。电机启动时间每次不超过 5 s，再次启动时间应间隔 20 s 以上。如多次启动仍不成功，应进行检查，排除故障后再行启动。

发动机启动后，待发动机运转平稳，再松开离合器踏板，让发动机低速运转 3~5 min，使发动机温度逐渐升高，切忌高速运转。

具有操作轻便、启动速度快、比较安全等优点,常常为中小型柴油机和汽油机广泛采用。

(3) 启动机启动:是以小型汽油机为动力,通过传动机构驱动主机曲轴旋转来实现启动的方式。常用于启动中等功率拖拉机柴油机。这种方式的主要优点是启动可靠,但结构和操作都比较复杂。4125A、4115T 等型号柴油机都采用这种启动方式。

3. 车辆的熄火

发动机熄火前,应先将变速杆置于空挡位置,然后拉起手制动杆,让发动机怠速运转数分钟,然后拉动熄火拉杆,使发动机熄火。

二、车辆的驾驶

1. 车辆起步

车辆起步是指车辆由静止状态过渡到行驶状态的过程。车辆在起步过程中,由于车轮与地面的摩擦阻力比较大,所以需要较大的牵引力。车辆起步的要求是:起步平稳,无冲击、震抖、脱挡及熄火等现象。具体要做到正确选择挡位(一般选 1 挡,空车或下坡可用 2 挡),松开离合器踏板与踏下加速踏板必须配合和谐,这样才能使车辆平稳起步。

起步前要首先查看周围情况,当确认安全时,可按下述步骤操作:

(1) 按启动发动机的顺序及方法,启动发动机,观察仪表指示情况是否正常;

(2) 踏下离合器踏板,将变速杆挂入起步挡;

(3) 开左转向灯,同时观察车辆周围情况;

(4) 解除手制动,握稳转向盘;

(5) 松抬离合器踏板,同时适当地踏下加速踏板。

起步时要做到平稳不熄火,关键是离合器踏板和加速踏板的配合。开始松离合器踏板时动作要稍快,当听到发动机音量有所下降，车身稍有抖动时，就要松得慢些或稍停顿一下，同时适量踏下加速踏板，使车辆平稳起步。车辆开始移动后，应轻快将离合器踏板松完，脚要离开离合器踏板。

2. 变速

变速的操作通常称为换挡。及时、准确、平顺、迅速地换挡，对提高车辆行驶的经济性和动力性，延长变速器、离合器的使用寿命都有着很大关系。

车辆在行驶过程中，由于道路及交通情况的不断变化，需要变换不同的行驶速度，即需经常换挡变速。换挡是整个驾驶过程中非常重要的技术环节，每个驾驶员都必须熟练掌握。

换挡的实质是选择变速器不同的传动比，使驱动车轮获得相应的转矩和转速。挡位越低传动比越大，作用到驱动车轮的转矩增大，而车速降低；挡位越高传动比越小，作用到驱动轮的扭矩减小，而车速增高。低挡用于起步、爬陡坡或通过困难路段。车辆以低速挡行驶时转矩大，因曲轴转速高，车速又低，故燃料消耗大，发动机温度易过高。中速挡加速性能好，用于挡速挡和高速挡之间的过度或受道路条件限制需要中速行驶时使用（如车辆转弯、过桥、一般坡道、会车或通过一般困难道路时使用）；高速挡用于正常道路情况下长距离行驶，主要是因为它燃料消耗少，零部件磨损小，经济性能较好。因而在确保安全的前提下，提倡多使用高速挡。

（1）低速挡换高速挡。低挡换高挡，（如1挡换2挡）首先需踏下加速踏板提高车速，当车速适合换挡时，立即抬起加速踏板，同时踏下离合器踏板，将变速手柄移入空挡。此时，2挡齿轮的线速度低于主动齿轮的线速度。为使2挡齿轮的线速度提高一些，或使主动齿轮的线速度降低一些，两者的线速度趋于一致，以便顺利啮合，避免打齿现象发生，此时须放松离合器踏板，让花键轴与发动机输出轴连接，降低主动齿轮的线速度，等两个即将啮合的齿轮圆周切线速度接近一致时，再次踏下离合器踏板，即可顺利换入2挡。换入2挡后,在缓抬离合器踏板的同时,逐渐踏下加速踏板,待加速至适合速度时换入3挡速度时,再依上述方法换入4挡。

(2) 高速挡换低速挡。其要点是在将变速杆移入空挡后即抬起离合器踏板,踏下加速踏板,提高发动机转速,待两个即将啮合的齿轮线速度接近时,立即抬起加速踏板,再次踏下离合器踏板,便可将变速手柄顺利移入低一挡位。然后缓抬离合器踏板,车辆即可以在低一挡位的速度行驶。待车速降至更低一级挡位速度时,再用上述操作方法换入更低一级挡位。

换挡注意事项:

①换挡时一手握稳方向盘,另一手轻握变速手柄,两眼注视前方,不要左顾右盼或低头看变速杆,以免分散注意力。

②变速一般应逐级进行,不能越级换挡。但在特殊情况下允许越级换挡。

③变换前进或后退方向时,必须在车辆停车后方能换挡。

3. 转弯

车辆在转弯时,驾驶员应精力集中,操作协调,并做到"减速、鸣号、靠右行"。转弯过程中,应尽量避免紧急制动及不必要的换挡操作。

(1) 左转弯。在宽敞平坦、视线良好的道路上左转弯,确认前方无来车和其他情况下,可以适当偏左侧行驶,这样可充分利用拱形路面的内侧,改善车辆弯道行驶的稳定性。

(2) 右转弯。要注意等车辆驶入弯道后,再将车辆完全驶向右边,不宜过早靠右行驶,以免右后轮偏出路外或导致车辆被迫驶向路中而影响会车。

(3) 急转弯。高速急转弯易发生车辆倾翻事故,所以急转弯时,应低速慢转。

总之,转弯时要正确判断路面宽窄和弯度的大小,确定合适的转弯半径和行驶速度,以保证车辆安全平稳地通过弯道。

4. 制动与停车

车辆在行驶中,经常会受到道路及交通情况的限制,因而驾驶员必须根据具体情况使车辆减速或停车,以保证行车安全。减速与停车是依靠驾驶员操纵制动装置来实现的。操纵制动装置的正确与否,直接影响行车安全、燃料消耗、轮胎磨损及制动机件的使用寿命。

1) 制动

(1) 预见性制动。制动前预先了解道路与交通情况的变化,提前做好准备,有目的地采取减速或停车的制动,称为预见性制动。车辆行驶中制动的运用,一般都是采取预见性制动,使车辆平缓减速,这样可以减少运转机件的冲击和轮胎的磨损,便于提前处理道路情况,保证行车安全,也有利于提高车辆的平均速度。

(2) 紧急制动。车辆在行驶中遇到紧急情况,驾驶员应迅速使用制动装置,在最短的距离内将车停住,避免事故发生,这种制动称为紧急制动。紧急制动是一种应急措施,它会对车辆各部件尤其是轮胎具有较大损伤,而且制动易跑偏,甚至会酿成事故。因此,只有在不得已的情况下方可使用。其操作方法是:一旦发生紧急情况,要握紧方向盘,迅速放松加速踏板,并立即同时踏下制动踏板和离合踏板,必要时应同时拉起手制动杆,尽快使车辆停住。

2) 停车

当车辆在行驶中需要停车时,应提前开启右转向灯,并利用右侧后视镜观察右后方有无来车。采用预见性制动,随着车速的降低,逐渐靠右边行驶,在临近停车地点时,踏下离合器踏板,轻踏制动踏板,将车辆平稳地停住。车辆停住后,拉紧手制动杆,将变速杆挂入1挡,停熄发动机,然后松开离合器踏板和制动踏板。停车地点必须是路面坚实且可以停车的地段。

5. 倒车

倒车的方法,倒车必须在车辆完全停止后进行。先将变速杆挂入倒挡，用与前进起步同样的操作方法进行倒车。倒车时，必须控制车速，不可忽快忽慢，防止发动机熄火或造成事故。直线倒车时，应使前轮方向保持正直；转弯倒车时不但要正确使用方向盘，同时还应注意车前车后情况，尤其是绕过障碍物时，车前外侧容易与障碍物碰擦刮伤。

6. 调头

车辆由原方向行驶改变为反方向行驶，称为调头。车辆调头应尽量选择宽阔路面或场地，由右向左进行一次顺车调头。调头时要提前观察前后左右的情况，及时发出调头信号，在不影响其他车辆行驶的条件下，进行调头。

7. 会车

两车交会，应自觉做到礼让三先，即"先慢、先让、先停"，把方便让给对方，困难留给自己。

交会前，根据对方来车的车型、装载的高度、宽度及当时的道路状况，适当降低车速，选择较宽阔的，路基坚实的路段靠右通过。

交会时，不得在道路中间行驶，防止撞车。不准两车临近时猛往右打方向，防止车尾向左甩，造成刮碰事故。也不准两车临近时紧急制动，以免汽车摆头、甩尾造成事故。在较窄的路上两车交会时，尽量避免"横向三点一线"现象（即同时处理左右两边的交通情况），并注意行人和非机动车的安全。

在阴、雨、雾、雪天或黄昏时视线不清的情况下会车时，应开放小灯，降低车速，并加大两车间的横向距离。

在一般情况下会车应严格遵守如下规定：会车有困难时，有让路条件的一方让对方先行；在有障碍的路段，有障碍的一方让对方先行。在狭窄的坡路，下坡车让上坡车先行；但下坡车已行至中途而上坡车还未上坡时，则应让下坡车先行。

夜间会车应在距对面来车 150 m 以外互闭远光灯，改用近光灯，以保证会车安全。

8. 超车和让超车

后车超越正在行驶中的前车，应选择道路宽直、视线良好的地点进行。超车前须开左转向灯，鸣喇叭（禁止鸣喇叭的区域、路段除外，夜间改用变换远近光灯），确认安全后，从被超车的左边超越，在与被超车保持必要的安全距离后，开右转向灯，驶回原车道。

超车过程中不准无故采用制动、变速、滑行、变向等行为，以防与被超车发生碰撞。超越前面停在路边的车辆时，尽量放大两车之间的侧向距离，并降低车速绕过，两车之间的侧向距离越小，车速就应越慢，特别是超越停在路边上下职工的班车时更应小心，以防有人横穿道路。

车辆在行驶中，应随时注意后面有无车辆要求超越。遇后车要求超车时，应根据前方的道路和交通情况，在不影响安全的前提下，应选择适当地点靠道路右侧减速缓行，同时开右转向灯，让后方车辆安全从左边超越。不得无故不让，不得让路不让速，让速不让路或曲线行驶等。

在下列地点或遇下列情况不得超车：
（1）被超车示意左转弯、掉头时；
（2）超车过程中与对面来车有会车可能时；
（3）不准超越正在超车的车辆；
（4）行经交叉路口、人行横道、漫水桥、漫水路等情况不准超车。

第二节 特殊情况下的安全驾驶技能

一、坡道驾驶

坡道驾驶的技术难度比平路大，要求做到转向灵活，制动及时，换挡敏捷，准确可靠，手脚配合协调。

（一）上坡

上坡起步因受上坡阻力的影响，操作上除按一般道路起步要领进行外，着重注意手制动器、离合器和加速踏板这3种操作机件的配合。其方法是：踩下离合器踏板，挂进低速挡；少踩一点加速踏板并将其稳住；两眼平视前方，左手握住转向盘，右手拉紧手制动拉杆，同时缓慢放松离合器踏板，当发动机负荷加大（即声音起变化）时，逐渐松开手制动拉杆。手制动拉杆松得过迟，会造成发动机熄火而起不了步；松得过早，汽车会后溜造成危险。如出现后溜在踏下离合器踏板的同时踩下制动器踏板，绝对不可后溜时猛抬离合器踏板强行起步，防止损坏传动系的机件。

上坡需临时停车时，先踩下离合器踏板，待车停住之前用脚制动器将车停稳，然后拉紧手制动拉杆，并将变速杆移至空挡，再松起离合器踏板，最后松起脚制动器踏板。应注意汽车是否后溜，应与前车保持必要的安全距离，不可跟得太近，同时驾驶员不要离开驾驶室，以防发生危险。驾驶员若要离开驾驶室，必须挂入低速挡。

如需在坡道上较长时间停车，应拉紧手制动拉杆，将变速杆挂入一挡，关闭电源，用三角木或石块将车轮塞住，防止汽车自行倒退。

由于上坡时车速降低较快，其减挡时机应较平路提前，且坡道越陡，更应提前换挡。必要时，可越级减挡，以免因动作缓慢减速太快，致使减挡后无法行驶，甚至造成熄火或倒溜。到达视距受限制的坡顶时，应及时减速，适当靠右，并鸣喇叭，警惕对面可能有来车或行人，以免发生事故。

傍山险道上坡时，应选择道路中间或靠安全的一侧行驶，转弯时因受视距的限制；应减速靠右通过，多鸣喇叭以示警告，并随时准备停车。

汽车连续上长坡，发动机会过热，必要时可选择适当地点休息，进行途中的汽车检查或维护。

（二）下坡

下坡起步前，如气压制动车辆一定要注意气压表读数。可根据道路情况选用适当挡位起步、方法是：踩下离合器踏板，挂入所需挡位，踩下脚制动器，松开手制动拉杆后逐渐放松脚制动踏板，当溜至所挂挡位的适宜车速时，缓慢松开离合器踏板。

下坡时，应根据坡度及道路情况，严格控制车速。下陡而长的坡道，在下坡前应试踏制动踏板，检查制动器是否良好，再用适当挡位下坡，一般在装载量不变时，下坡比上坡高一个挡位，绝对不可踏下离合器或脱挡滑行。当车速有些偏快或转弯前要使用制动时，用制动使车辆即将停住时再松开制动踏板。力争减少制动使用次数，防止因制动使用频繁，致使制动鼓温度生高而降低制动效能，或气压制动车辆因此而消耗气压过多，致使制动失效。

下坡因制动距离加长，相应跟车距离也应加大，转弯前应提前减速，勤用喇叭，低速通过。尽量避免边制动边打方向，特别是紧急制动。下坡如需变换挡位，应先踩制动踏板，如制动有效再进行挡位变换。方法是：

（1）增挡。使用制动控制车速后，两脚离合器迅速挂入上一级挡位后，抬起离合器踏板，然后再松开制动踏板。

（2）减挡。使用脚制动将车速降至即将停住时，踩两脚离合器将变速杆移至下一级挡位后，松起离合器后再放开制动踏板。

在下坡路上停车，要先踩下脚制动踏板，车即将停住时再踩下离合器踏板，车停稳后拉紧手制动拉杆并挂入倒挡，关掉电源，再用三角木或石块塞在车轮的前面。

二、雨、雾中行车

在雨、雾中行车，视线障碍较大，能见度在 30 m 以内时速不应超过 10 km，能见度更低时应停止行车。

(一) 雨中驾驶

刚下雨的头几分钟，沥青路和碎石路面都很滑，要特别小心。雨中行车，须开刮水器，清除挡风玻璃上的积水，保证视线清楚。雨中开车增大了两大危险：一是制动距离延长，增大了制动非安全区。二是容易侧滑，使汽车失去控制。

因此，雨天行车应注意：

(1) 处理情况要提前，加大跟车距离，不可猛打方向盘或紧急制动；

(2) 尽量减少超车；

(3) 制动时如出现甩尾时，应迅速将方向转向甩尾方向，同时视其情况解除或减轻制动；

(4) 需靠边停车时，应在路中减速后再驶向路边；

(5) 遇大暴雨，不要勉强行车，应选择安全地带停放，待天气好转后再行车。

(二) 雾中驾驶

雾中行车，要严格控制车速，随时做好应急准备。雾中行车的主要特点：

(1) 视距短，对周围景物缺乏观察对比；

(2) 路面溜滑，因路面潮湿，制动时易侧滑；

(3) 右转弯困难，对右边情况的估计易出偏差；

(4) 驾驶员易疲劳，由于精力高度集中，从心理、生理上都易疲劳；

(5) 路越宽危险性越大，特别是无交通标线的路段。

因此，在雾中行车应注意：

(1) 尽可能待视线良好后再出车；

(2) 开防雾灯和尾灯，显示其在公路上的位置，勤鸣喇叭通过声响显示其存在；

(3) 最好跟车前进；

(4) 尽量避免超车、掉头或在公路上停车。

如行车中遇大雾，不要勉强行驶，应选择适当地点靠右边停放暂避，同时应开尾灯和示宽灯，待能见度明显改善后再继续行车。

三、冰雪路驾驶

车辆在冰雪路上行驶，对安全行车的影响是：路面附着系数小，车轮容易发生空转、溜滑，制动距离延长且容易发生侧滑，给行车带来了很大的不安全隐患。

在冰雪路上行驶要做到：

(1) 汽车在冰雪道路上起步，驱动轮容易打滑，没装防滑链时可用减少加速踏板开度，慢抬离合器踏板的方法。切忌加大加速踏板开度和猛抬离合器踏板。如果用低速挡起步车轮滑转时，可用较高速挡位起步。

(2) 汽车在转弯时，在不妨碍对方车辆行驶的情况下，转弯半径要大些，转向盘不要急转急回。

(3) 汽车在冰雪路上要保持匀速行驶。需要提高车速时，不要急踩加速踏板。离合器踏板也不要抬得过猛，以防驱动轮空转。与前车要保持 50 m 以上的安全距离。

(4) 冰雪路附着力小，制动距离比正常时增加四倍左右。所以在需要停车或遇到险情时，要提前减速，缓慢地制动，严禁紧急制动。

(5) 会车时要提前避让，选择路面较宽的地点。在保持两车的横向距离时，不要太靠路边，必要时可停车，让对方车通过后再行驶。

注意事项：

(1) 冰雪路行车阳光反射较强，要戴有色眼镜，防止目眩和损伤眼睛。在行车时间较长时，要注意适当休息。

(2) 汽车通过结冰的江河时，要注意冰层厚度。立冬后气温在 0~10 ℃以下，冰层厚度约在 240~390 mm，可通过 4~8 t 的载货车。

(3) 在积雪的路上，应沿压出的车辙慢速行驶。

四、低、高温条件下的驾驶

(一) 低温条件下的驾驶

严寒时节，由于温度低油脂容易凝固，发动机启动困难，车辆起步和加速也很缓慢。为了解决低温下起动问题，冬季要做好汽车的保暖工作。常见的办法是将汽车停放在车库内，给汽车前端戴上保温套。起动前对发动机进行适当预热，这样做不仅可以使起动容易，而且也能减少油料消耗，降低发动机磨损。

1. 防冻措施

(1) 加注防冻液。加注一次防冻液可使用3年，但不管使用哪种防冻液，只加到冷却系容量的95%即可。

(2) 用放水法防冻。汽车停驶后，首先停熄发动机，取下散热器盖，然后打开发动机与散热器上的放水开关，待水放净后，再启动发动机，用怠速运转1～2 min，使冷却水完全排净，最后关闭开关。

(3) 使用合适的机油。例如解放CA1091型汽车，四季可使用SD级10W/30机油。

2. 预热

(1) 将热水加入散热器，注满后，打开发动机放水开关，随放随加，待机体温度适度即可关闭放水开关。

(2) 国产CA1091型、CA1092型汽车的发动机在结构上有了很大的改进，它可以在-10 ℃的情况下顺利起动。起动柴油车首先要接通起动机电热塞0.5～1 min左右，预热指示灯熄灭，按钮跳起复原，说明可以启动。如果认为温度还不够高还可以再让电热塞工作一次，然后再启动发动机。在预热过程中，应用手摇柄转动曲轴，保证发动机启动时的润滑。

(3) 发动机经过预热，用手触摸机体10～15 s，感觉温度有所提高时,即可按正常方法起动。

(二)高温条件下的驾驶

盛夏气候炎热,其特点是昼长夜短,气温高,而且雷阵雨较多,行车中应注意如下事项:

(1)行车中随时注意水温的变化,水温不要超过95 ℃,防止发动机过热。

(2)经常检查冷却水的数量,及时补充。冷却水沸腾时,不宜马上熄火和加注冷水,应让发动机怠速运转,待温度适当下降后,再熄火加水。

(3)燃油系统发生气阻时,应停车降温,然后拆开化油器进油管接头,扳动汽油泵手摇臂,使汽油充满油管,便能恢复正常供油。

(4)注意轮胎气压、胎温,发现过高时,应选择荫凉处停息,使胎温自然下降恢复正常,不可放气或浇泼冷水。

(5)注意检视制动效能,尤其要注意液压制动器制动皮碗的膨胀和制动液的蒸发所造成制动失效的故障。

(6)行车中防止打瞌睡。夏季午后一段时间,气候最为炎热,容易引起疲劳瞌睡。在条件许可时,最好避开热峰,中午休息。

五、夜间行驶

夜间驾驶与白天驾驶有很大区别,因为灯光照射有一定范围和亮度,视野受到限制,并且灯光随车晃动,驾驶员对地面、地形和行进方向的判断都感到困难,容易产生错觉。加上夜深人静、大地沉寂、夜色茫茫,往往引起心慌意乱。因此,夜间驾驶前要认真做好准备,严格遵守交通法规和职业道德,尽量避免灯光炫目现象,精心驾驶,不疲劳开车,确保行车安全。

1. 道路的识别和选择

汽车在夜间行驶中,如发现远方路面有黑影,当车在接近过程中逐渐消失,这是路面有小坑。车在接近时黑影仍存在,说明此坑较大。

在行驶中车灯照向道路的一侧，一般是慢弯道；如路面突然消失，常是急弯或下陡坡。

根据道路交通标志，路旁地形，发动机声音和车速快慢，来区别道路的形势。车速逐渐变慢，灯光照射距离变近，所处的地形是上坡，反之是下坡。

行车中若遇前边突然发黑，可能是障碍物或是不明方向的急转弯，应立即停车，判明情况后再起步通过。

2. 夜间行车注意事项

夜间行车尽量避免生疏路段，如不能避免要向知情者了解情况，事先作好思想准备。在一般情况下，车速应比白天低，在弯道、坡道、窄路、窄桥或不易看清的地方，都应减速慢行，随时做好停车准备。夜间行车应加大跟车距离，一般应在 100 m 以上。尽量避免超车，如必须超车时，用灯光或喇叭（夜深后禁止使用）预告前车，在前车让道后方可超越。

必须注意灯光的使用。及时开启示宽灯、尾灯、仪表灯等。在无路灯的公路上应用远光灯，远光灯应照在 100 m 以远。通过无人指挥的交叉路口应变换两三次远近光灯，在照明良好的街道应用小灯，转弯车辆应开转向灯。

会车时做到安全礼让。在交会前，应预先选定平坦安全的交会点，掌握适当车速，在有利地点交会。遇前面路窄或有路障不便交会时，应主动停车避让，绝对不可鲁莽冲过。必要时应停车并关闭前照灯，让对方开着大灯低速通过。发现对面来车而地形可以交会时，首先要减速，两车相距约 150 m 左右将远光灯改为近光灯，即防炫目灯交会。如果对方来车未及时改用灯光，应在减速的同时用喇叭或灯光给予警告，切不可用强烈灯光给予对射，或占道行驶给予报复，必要时靠右边停车，待对方通过后再开大灯行驶。

从黄昏到开大灯这段时间，或夜间下雨后的沥青路面与公路外的颜色难以区别,对道路状况的估计难度增大,应有意识地降低车速。

昼夜行车,往往是时间紧、任务急,驾驶员因行车时间长而疲劳,尤其是深夜23~24时在凌晨4~5时常常会瞌睡,切不可勉强坚持,应就地停车休息,待精神和体力适当恢复后再继续行驶。

第三节 企业内运输的安全规程

本节的规程、技术指标和要求主要引用了《机动工业车辆安全规范》(GB 10827—1999)、《厂内机动车辆安全检验技术要求》(GB/T16178—1996)和《工业企业厂内铁路、道路运输安全规程》(GB4387—1994)等国家标准。(节选)

一、机动车辆驾驶员

(1) 机动车驾驶员应遵守的规定:
① 驾驶车辆时,必须携带驾驶证、行驶证和安全帽;
② 不得驾驶与执照不相符的车辆;
③ 驾驶室不得超额坐人;
④ 严禁酒后驾驶车辆,不得在行驶时吸烟、饮食、攀谈或做其他有碍安全行车的活动;
⑤ 身体过度疲劳或患病有碍行车安全时,不得驾驶车辆;
⑥ 试车时,必须挂试车牌照,不得在非试车区域内试车。

(2) 驾驶员不从事驾驶工作(除担任车管工作外)6个月至1年者,须继续担任驾驶工作时,应经公安部门、交通监理部门或厂交通安全管理部门重新复试;1年以上者,应重新考核;已过退休年龄者,不得从事驾驶工作。

二、企业内道路

(1) 厂内道路的平纵断面设计应符合 GBJ22 的有关规定，并应经常保持路面平整、路基稳固、边坡整齐、排水良好，并应有完好的照明设施。

(2) 跨越道路上空架设管线距路面的最小净高不得小于 5 m，现有低于 5 m 的管线在改、扩建时应予以解决。

(3) 厂内道路应根据交通量设置交通标志，其设置位置、形式、尺寸、图案和颜色等必须符合 GB5768 的规定。

(4) 易燃、易爆物品的生产区域或储存仓库区，应根据安全生产的需要，将道路划分为限制车辆通行或禁止车辆通行的路段，并设置标志。

(5) 厂内道路的交叉口，高峰时间每小时机动车流量超过 200 辆，或者自行车、行人流量超过 2 000 人次，或者交通量比较繁忙而视线条件达不到规定要求，均应有人指挥和设置信号灯。

(6) 厂内干道与职工人数较多的生产车间相衔接的人行通道，如跨越铁路线路，应设置人行地道或天桥。

(7) 大、中型企业厂内道路应采取交通分流，人流较大的主干道两侧，应修筑人行道；人流较大的次干道两侧，宜设人行道。在职工上、下班时间内人流密集的出入口和路段，应停止行驶货运机动车辆。

(8) 路面狭窄或交通量大、容易堵塞的道路，应尽量实行单向通行。

(9) 厂内道路在弯道的横净距和交叉口的视距三角形范围内，不得有妨碍驾驶员视线的障碍物。

(10) 路面宽度 9 m 以上的道路，应画中心线，实行分道行车。

(11) 厂内道路与铁路交叉时：

①新建厂的铁路线路与道路交叉点，具有下列情况之一者，应

设置立体交叉：

　　a. 受地形等条件限制，采用平面交叉危及行车安全时；

　　b. 少量交通的道路与繁忙运输的铁路线路交叉；

　　c. 繁忙交通的道路与少量运输的铁路线路交叉；

　　d. 当昼间 12 h 双向换算标准载重汽车超过 1 400 辆和昼间 12 h 火车通过道口封闭时间超过 1 h，经技术经济比较合理时；

　　e. 经常运送特种货物确有特殊需要时。

　　现有工厂符合上述情况的道口，应逐步改造为立体交叉，不能设置立体交叉时，对人流量和高峰小时人流量较大的道口，应设置人行天桥或地道，并附设引导栏杆。

　　②新建、改建、扩建工厂道口位置的选择和铺设，以及现有工厂道口的改造，应遵守下列规定：

　　a. 应设在瞭望条件好的地点，道口视距应符合 GB6389 的规定，围墙、临时建（构）筑物、绿化物和堆积物等不得影响行车瞭望视线。

　　b. 不应设置在铁路线群、道岔区和调车作业繁忙的线路上。

　　c. 道路与铁路平面交叉，一般设计为正交，如受地形限制必须斜交时，其交叉角一般不小于 45°，特别困难时，其交叉角可以适当减小。

　　d. 道口两侧的道路，从钢轨外侧算起，各应有不小于 16 m（不包括竖曲线部分长度）的水平路段。当受地形等条件限制时，可采用纵坡不大于 2% 的平缓路段。连接水平路段或平缓路段的道路纵坡，不宜大于 3%，困难地段不应大于 5%。

　　e. 道口应进行铺砌，铺面宽度一般与相交道路的路基同宽。设有人行道的道路，道口的铺面宽度应包括人行道的宽度。道路拓宽、改建时，道口铺面应同时拓宽。道口的铺面长度应延至钢轨外侧 0.5~2 m。

　　f. 通行自行车较多的道口，其交叉角小于 45°时，应加宽铺砌道口地段的路面。

(3) 要加强对道口防护设施的维修，保持轮缘槽深度不小于 4.5 cm，建立巡回检查制度，保持防护设施齐全有效。

(4) 严禁随意增设道口，发现私设道口时，铁路运输部门有权拆除。如生产厂必需增设永久道口时，经铁路运输部门同意，安全部门批准，按道口标准设计，由申请增设单位负责管理，并接受铁路运输部门检查。如增设临时道口，经铁路运输部门同意，申请单位派人看守，并限期拆除。

三、车辆

(1) 车辆必须经过车辆管理机关检验合格，领取号牌和行驶证，方准行驶。限于厂内行驶的车辆，应由劳动部门核发号牌和行驶证。号牌和行驶证不准转借、涂改或伪造。

车辆必须按车辆管理机关规定的期限接受检验，未按规定检验或检验不合格的，不准行驶。

(2) 机动车的制动器、转向器、喇叭、灯光、雨刷和后视镜必须保持齐全有效。行驶途中，如制动器、转向器、喇叭、灯光发生故障或雨雪天雨刷发生故障时，应停车，并在醒目处设置"注意危险"标志后进行修复。

大型客车应有向驾驶员发送信号和开关车门的装置，并保持完好有效。

(3) 机动车牵引挂车，应符合下列要求：

①机动车和挂车的连接装置必须牢固，并应挂保险链条；挂车的牵引架、挂环发现裂纹、扭曲、脱焊或严重磨损时，不得使用；

②机动车与挂车之间，挂车前、后轮之间，应安装防护栏栅；

③机动车在空载情况下，不得拖带载重挂车；

④每辆机动车只准牵引1辆挂车；

⑤挂车应安装自动刹车装置、灯光和显示标志；

⑥挂车宽度超过机动车时，机动车的前保险杠两端，应安装

与挂车宽度相等的标杆，标杆顶端安装标灯；

⑦对采用自动连接装置的牵引车和挂车,应根据具体情况,采取必要的安全措施。

（4）机动车拖带损坏车辆，应遵守下列规定：

①被拖带的车辆，由正式驾驶员操纵，并在醒目处设置"注意危险"标志；

②小型车不准拖带大型车；

③拖带车辆时不得背行；

④每车只准拖带1辆，牵引索的长度须在5～7 m之间；

⑤拖带制动器失灵的车辆须用硬牵引。不得拖带转向器失灵的车辆；

⑥夜间拖带损坏车辆时，被拖带的车辆灯光应齐全有效；

⑦新车、大修车在磨合期，不得拖带车辆。

四、车辆装载

（1）调度人员在下达运输作业计划前，应事先掌握运输线路与货源情况。下达计划时，应将货运路线、装卸场所和安全注意事项向驾驶员交待清楚。

（2）车辆装载不得超过行驶证上核定的数量。

（3）车辆载物的高度、宽度和长度应符合GB1589的规定。

（4）载运不可解体货物的体积超过规定时，必须经厂交通安全管理部门批准，指派专人押车，按指定的路线、时间和时速行驶，并悬挂明显的安全标志。

（5）装载货物必须均衡平稳，捆扎牢固，车厢侧板、后栏板必须关好、拴牢。货物长度超过后栏板时，不得遮挡号牌、转向灯尾灯和制动灯。装载散状、粉状或液态货物时，不得散落、飞扬或滴漏车外。

（6）载运炽热货物时，必须使用专用的柴油货车，油箱必须采取隔热措施，并按指定的线路行驶。

(7) 自动倾卸车应遵守下列规定：
①驾驶室内应安装车厢起升警报器或指示灯；
②装载大、重货物时，货物不得卡在车厢栏板上；
③车厢起升前注意空中有无障碍物，禁止边走边起、边走边落；
④倾卸货物时，应选择平坦场地，向坑内卸车时，应与坑边缘保持一定的安全距离；在危险地段卸车时，应有人指挥。

(8) 随车装卸人员应遵守的规定：
①不得超过厂交通安全部门核定的人数；
②载运大、重货物未靠车厢前、后栏板时，货前、后不得乘人；
③载物高度超出车厢栏板时，货上不得乘人；
④不得坐在车厢栏板上；车辆未停稳前，不得上、下车；
⑤机动车车厢以外的任何部位或货运汽车的挂车、拖拉机的挂车、电瓶车、起重车、罐车、平板车和轮胎式专用车，不得载人。

(9) 装载易燃、易爆、剧毒等危险货物时，应遵守下列规定：
①装载液态和气态易燃、易爆物品的罐车，必须挂接地静电导链；装载液化气体的车辆，应有防晒措施；
②装载氯酸钠、氯酸钾和用铁桶装的一级易燃液体时，不得使用铁底板车辆；
③装载剧毒品的车辆，用后应进行清洗、消毒；
④不得与其他货物混装；易燃、易爆物品的装载量不得超过货物载重量的 2/3，堆放高度不得高于车厢栏板。

(10) 装运易燃、易爆、剧毒等危险货物时，应遵守下列规定：
①必须经厂交通安全管理部门和保卫部门批准，按指定的路线和时间行驶；
②必须由具有 50 000 km 和 3 年以上安全驾驶经历的驾驶员

驾驶,并选派熟悉危险品性质和有安全防护知识的人担任押运员;

③必须用货运汽车运输,禁止用汽车挂车及其他机动车运输;

④车上应根据危险货物的性质配带相应的防护、消防器材。车厢两端上方须插有危险标志;

⑤应在货车排气管消音器处装设阻火器,易燃、易爆货物专用车的排气管应装在车厢前一侧,向前排气;

⑥车厢周围严禁烟火;

⑦两台以上车辆跟踪运输时,两车最小间距为50 m,行驶中不得紧急制动,严禁超车;

⑧中途停车应选择安全地点,停车或未卸完货物前,驾驶员和押运员不得离车。

五、机动车行驶

(1) 机动车在无限速标志的厂内主干道行驶时,不得超过30 km/h,其他道路不得超过20 km/h。

(2) 机动车行驶下列地点、路段或遇到特殊情况时的限速要求应符合表6-1的规定。

表6-1 机动车在特定条件下的限速规定

限速地点、路段及情况	最高行驶速度/ $(km \cdot h^{-1})$
道口、交叉口、装卸作业、行人稠密地段、下坡道、设有警告标志处或转弯、调头时,货运汽车载运易燃易爆等危险货物时	15
结冰、积雪、积水的道路;恶劣天气能见度在30 m以内时	10
进出厂房、仓库、车间大门、停车场、加油站、上下地中衡、危险地段、生产现场、倒车或拖带损坏车辆时	5

恶劣天气能见度在 5 m 以内或能见度在 10 m 以内、道路最大纵坡在 6% 以上时，应停止行驶。

(3) 执行任务的消防车、工程抢险车和救护车不受规定速度限制。

(4) 机动车通过道口时，必须遵守下列规定：

①提前减速；

②通过有人看守道口或自动信号道口时，要做到"一慢、二看、三通过"；遇道口栏杆放下或发出停车信号时，须依次停车于停车线以外，无停车线的，应停在距最外股钢轨 5 m 以外，严禁抢道通过；

③通过无人看守道口时，如视距达到 GB6389 中 2.1 条的规定，应做到"一慢、二看、三通过"；如达不到要求，必须做到"一停、二看、三通过"；

④铁路机车、车辆占用无人看守道口时，机动车不得通过；

⑤机动车发生故障被迫停在无人看守道口时，随车人员应立即下车到安全地点，驾驶员应采取紧急措施设置防护信号，并使车辆尽快让开道口；

⑥机动车频繁通过无人看守道口期间，应由用车单位派人临时看守。

(5) 机动车不得在平行铁路装卸线钢轨外侧 2 m 以内行驶。

(6) 机动车在冰雪、泥泞道路上行驶时，应遵守下列规定：

①在冰雪路上行驶时，轮胎上应装有防滑链；

②缓慢行驶，避免紧急制动；

③同向行驶车辆，两车辆之间的距离应保持 50 m 以上。

(7) 进入易燃易爆区域的机动车辆，必须装设火星熄灭器（阻火器）。

(8) 同向行驶的机动车，前、后车之间应根据车辆行驶速度、路面和气候状况，保持随时可以制动停车的距离。

(9) 停车应停在指定地点或道路有效路面以外不妨碍交通的

地点，不得逆向停车，驾驶员离车时，应拉紧手闸、切断电路、锁好车门。

(10) 下列地点不得停放车辆：

①距通勤车站、加油站、消防车库门口和消防栓 20 m 以内的地段；

②距交叉口、道口、转弯处、隧道、桥梁、危险地段、地中衡和厂房、仓库、职工医院大门口 15 m 以内地段；

③纵坡大于 5% 的地段；

④道路一侧有障碍物时，对面一侧与障碍物长度相等的地段两端各 20m 以内。

(11) 机动车倒车时，驾驶员须先查明周围情况，确认安全后，方准倒车。在货场、厂房、仓库、窄路等处倒车时，应有人站在车后的驾驶员一侧指挥。

(12) 机动车在道口、桥梁、隧道和危险地段严禁倒车或调头。

六、装卸

(一) 装卸场地和堆场

(1) 各工厂应根据生产规模、原材料储备量，设置相应的装卸场地和堆场。装卸场地和堆场的地面应平坦、坚固，并应有良好的排水设施。

(2) 装卸场地和堆场应保证装卸人员、装卸机械和车辆有足够的活动范围和必要的安全距离，其主要通道的宽度不得小于 3.5 m，物料堆垛的间距不得小于 1 m，并设置安全标志。

(3) 物料应按其品种、特性和安全要求分类堆放。成箱、成捆等规则形状的物料（除钢材外），应码成稳固的堆垛，其高度，机械装卸时不得大于 5 m，人工装卸时不得大于 2 m。散装物料应根据其性质确定堆放高度。

(4) 装卸场地和堆场应根据需要设置消防和防护设施。

(二)装卸机械及吊挂用具的安全要求

(1)装卸机械的制动器、限位器、指示器和安全防护装置等应齐全有效,照明和信号装置作用良好。作业时严禁超载。

(2)在作业前应对装卸设备进行检查和试车,如发现有不安全因素,应及时排除后,方准作业。作业完毕机械各部件应复位。

(3)吊钩、吊环、钢丝绳和链条等吊挂用具,应在使用前检查,并定期试验,严禁降低安全系数使用。

(4)装卸机械作业完毕应停放在距铁路线最外股钢轨外侧3 m以外的地点。

(三)机械装卸作业

(1)作业前应制定作业计划,检查装卸场地和装卸机械的运行路线,针对可能出现的不安全因素,制定必要的安全防护措施;

(2)装卸机械的使用和管理应遵守GB6067的有关规定;

(3)装卸作业现场指挥人员和装卸机械司机所使用的基本信号应遵守GB5082的有关规定;

(4)露天工作的装卸机械在大雨、大雪、大雾和6级以上大风等恶劣天气,不能保证安全时应停止作业;

(5)机械与人工同时进行装卸作业时,应互相保持足够的安全距离;

(6)履带或轮胎式的装卸机械,严禁跨越铁路行走和进行作业。推土机在铁路两旁推料转堆时,推铲距轨道枕木头不得小于0.3 m;

(7)履带式装卸机械通过道口前,必须取得铁路有关单位同意,通过无人看守道口时,应在道口两侧铁路线路上适当地点进行防护。

(四)机动车辆的货物装卸

(1)机动车驾驶员应负责监督装卸作业。用吊车装卸货物时,机动车驾驶员和随车人员应离开车辆。

(2) 装卸时应按货物堆放顺序进行作业。

(3) 装载成件货物，应靠紧稳固。对可能移动的货物，应使用支杆、垫板或挡板固定。高出车厢栏板的货物，应使用绳索捆绑牢固。

(4) 机动车装卸时的停车距离，应遵守下列规定：

① 多辆机动车同时进行装卸时，沿纵向前、后车的间距应不小于 2 m；沿横向两车栏板的间距应不小于 1.5 m；

② 车身后栏板与建筑物的间距应不小于 0.5 m；装载危险货物的应不小于 2.5 m；

③ 靠近火车直接倒装时，距铁路车辆应不小于 0.5 m；

④ 与货垛的间距不小于 1 m，与滚动货物的间距应不小于 2 m；

(5) 在 5% 以上的坡道上不得进行横向起吊作业。如需作业时，必须将车身垫平。

(五) 危险品的装卸、搬运

(1) 装卸负责人应事先制定安全措施，作业前应向作业人员详细交待清楚，作业中对执行情况进行监督检查。

(2) 装卸搬运危险品的机械和工具，应按其额定负荷降低 20% 使用。

(3) 装卸、搬运危险品时，必须轻拿轻放，严防振动、撞击、摩擦、重压和倾倒。

(4) 易燃、易爆、有毒物品、放射性物品及一切影响人身安全的危险品，应有专用的装卸场地、仓库和指定的装卸线路，并应有保证安全所需的装卸、搬运设备。

(5) 易燃、易爆等危险品装卸时，须杜绝明火，并应有防爆、防静电措施，与周围建筑物应保持必要的安全距离。

(6) 罐车装车充满系数，油品不得大于 95%，液化气不得大于 85%，油品自流装车流速不得大于 3 m/s。

第四节 车辆防火的安全管理规定及灭火器的使用

火对人类生活的作用是巨大的，但是火灾造成的痛苦和损失也是非常巨大的。汽车使用的燃料都是易燃品，一旦发生火灾，若不能及时有效的扑灭，将会给国家和人民群众造成巨大损失，很可能危及到驾驶员的生命。汽车使用的汽油是第一级易燃品，柴油是第三级易燃品，制动液也是极易燃烧的物质。对于汽油，在零下几十度时，遇明火都可以着火。

一、车辆失火的原因

汽车火灾主要是由于燃料系统泄露的燃料，遇到不正常的电气系统产生的电火花或路面上的火星而发生。另外，汽车在维修过程中，不按操作规定作业，或是对易燃品管理不严，也会引起车辆失火造成火灾。

车辆起火也是因为驾驶员使用不当或外界明火、暗火引起液体物质起火，致使车辆本身的可燃物质（如轮胎、油漆、木制车厢、油封以及装载货物）起火导致火灾烧毁车辆。

下面列举了几种燃料的化学特性见表6-2。

表6-2 汽油、柴油、煤油特性

易燃液体级别	汽油	煤油	柴油
	一级	二级	三级
闪　点/℃	-58～10	28～45	60～110
密度/（g·cm^{-3}）	0.67～0.71	0.83	0.8～0.87
沸　点/℃	50～150	150～300	280～365
自燃点/℃	415～530	240～290	250～380
爆炸温度极限/℃	-36～7	27～86	

二、3种灭火方法

1. 窒息法

就是将可燃物与空气隔绝或稀释空气中氧气的含量（空气中的氧气含量为21%，如将氧气的含量减少到14%～15%，燃烧便自行熄灭）使已燃物体自行熄灭。用棉被、砂土等覆盖燃烧物表面上进行灭火就是这个道理。使用灭火剂能迅速放出大量的泡沫、二氧化碳、四氯化碳等气体或干粉粉末覆盖在燃烧物上，使燃烧物不能和氧气充分接触，从而达到灭火的目的。使用1211灭火剂能借火焰高温分解，并与燃烧物起反应形成一个隔离层，使燃烧物与空气脱离接触，产生良好的灭火效果。

2. 隔离法

将已燃物体和未燃的可燃物隔离开，这样控制燃烧的发展，使其不至蔓延。如油料着火，应迅速将未燃的油料转移到安全地带，设法筑堤拦阻已燃油料外流，及时拆除在燃烧油料附近的易燃建筑物。对于车库及停车场的车辆失火，应在扑救的同时，将着火的汽车开走或推走。

3. 冷却法

就是降低燃烧物的温度，使其终止燃烧。如汽车着火可用水浇灭火焰，由于水本身能吸收大量的热，因而能使温度降低到着火温度以下，扑灭明火。

如果油箱、油盆着火，就不能用水扑灭，因油比水轻，油会浮在水面上使火势更加蔓延。

三、火灾的扑救方法

如果突然失火，作为驾驶员要沉着、勇敢、积极迅速地扑灭火焰，尽量减少火灾造成的损失。

（1）发现行驶中的车辆突然冒烟、着火，首先要马上熄火停车，切断电源，关闭油箱开关，关闭百叶窗。如果在平路，一般不要拉手制动，因为根据火情可能要将汽车推走。

（2）要根据火势迅速扑救，利用车上现有的消防器材进行灭火。如用灭火器，或衣物浸水后覆盖，或用路边的砂土、冰雪盖压，同时拦截过往车辆索取灭火器材。不要听任火势蔓延，由小火发展成大火。

（3）车上如果有贵重的货物或易燃品，要在灭火的同时将货卸下，转移到安全地点。

（4）对于撞车、翻车而引起较大火灾，应先抢救伤员，视情况对车辆进行灭火。

（5）发生火灾要注意保护自己．要保护好暴露的皮肤，用毛巾等盖好脸部、头部，不要穿化纤衣料做的衣服，防止它着火后沾在身上引起身体的严重烧伤。

（6）车辆在车库、加油站、仓库等危险区域起火时，应在扑火的同时将着火的车辆推出或驶离危险区域，以避免造成更大损失。

（7）装载易燃易爆危险物品的车辆起火后，采用紧急灭火措施无效时，应密切注意车辆是否有发生爆炸的危险，如有爆炸危险，应立即撤离危险区域，以免造成更大损失。

四、车辆内常用的灭火器及使用方法

企业内机动车辆普遍备用和携带的灭火器材有二氧化碳灭火器、卤代烷1211及1301灭火器、干粉灭火器等。它是扑救初起火灾的最有效的灭火工具。

（一）灭火器的性能和用途

其性能和用途见表6－3所示。

（二）灭火器的使用方法

掌握灭火器的使用方法是扑救初起火灾的基本技能之一。

1．干粉灭火器的操作

使用干粉灭火器可扑救液体火灾、气体火灾、一般固体物质

火灾及带电设备火灾，是一种多用途的灭火器。其结构形式有3种：贮压式、外贮气瓶式和内贮气瓶式。其操作方法也不同。

表6-3 灭火器的性能和用途

灭火器种类	二氧化碳灭火器	干粉灭火器	1211灭火器 1301灭火器
药剂	压缩和液态的二氧化碳	钾盐或干粉并备有盛装压缩空气的钢瓶	二氟一氯一溴甲烷并充填压缩空气
用途	扑灭电气、精密仪器油类和酸火灾	扑灭电气设备火灾、旋转电机火灾，可扑灭石油产品、油化有机溶剂、天然气和天然气设备火灾	扑灭油类、电气设备、化工化纤原料等的初起火灾
检查方法	每月测量一次，当小于原重量的9/10时，应充气。	每年抽查一次，干粉是否受潮或结块。小钢瓶内的气体压力每半年检查一次，如重量减少1/10时应换气	每年检查一次重量

1) 贮压式干粉灭火器操作

贮压式干粉灭火器将干粉与动力（压缩）气体装于一体。使用时，先使灭火器上、下颠倒并摇晃几次，使内部干粉松动并与压缩气体能充分混合、搅动。然后使灭火器正立，撕掉其顶部的细铁丝及铅封块，拔出手压柄和固定柄（提把）间的保险销，右手握住灭火器喷管，左手用力压下并紧握两个手柄，使灭火器开启，待干粉射流喷出后，右手根据火灾情况，上下左右摆动，将干粉喷于火焰根部即可灭火。在灭火时，左手可提起灭火器根据灭火需要而移动。

2) 外贮气瓶式干粉灭火器使用

先撕掉贮气小钢瓶顶部的细铁丝及铅封块，再用力向上提起贮气钢瓶上部的开启提环。随后右手迅速握住喷管，左手提起灭火器，通过移动和喷管摆动，将干粉射流喷于火焰根部即可灭火。

3）内贮气瓶式干粉灭火器使用

这种干粉灭火器，与外贮气瓶式相比，其压缩气体小钢瓶装在灭火器内部。使用时，先撕掉灭火器顶部的细铁丝及铅封块，拔下保险销，右手迅速握住喷管，左手将手压柄压下并提起灭火器，灭火器则会开启。待干粉射流喷出后，右手掌握喷管，将干粉射流对准火焰根部喷射即可灭火。

使用干粉灭火器时，要注意由上风向向下风向喷射（室外或车外有风时），以免风力影响灭火效果，造成灭火剂浪费。使用时还要注意，开启操作时，不要距燃烧物太远，并在喷射灭火时，要变换位置或摆动喷射管，从不同角度对火灾进行扑救，以提高灭火效率。

2. 卤代烷灭火器的操作使用（即1211、1301灭火器）

卤代烷灭火器也是一种高效多用途灭火器，可用于扑救液体火灾、气体火灾、一般固体物质火灾及带电设备火灾。

小型的卤代烷灭火器仅设有喷嘴，而较大的卤代烷灭火器则设有喷管。

卤代烷灭火器的操作比较简单。对无喷管的小型卤代烷灭火器，使用时先将其顶上的细铁丝及铅封块撕掉，拔下保险销，将喷嘴对准燃烧物；再用力压下手压把并保持将手压把和提把握紧，卤代烷灭火剂就会由喷嘴喷向燃烧物火焰根部迅速灭火。对于有喷管的卤代烷灭火器，其操作过程基本相同，只是在喷射灭火剂时，要右手握住喷管，左手压下压把并保持握紧两个手把，摆动喷管，将灭火剂喷于火焰根部。

使用卤代烷灭火器时，同样要考虑风力影响，要由上风向向下风向喷射。并注意在使用过程中，不要使灭火器过分倾斜，更不能颠倒使用。喷射时，若要转移位置，可视情况松开手压把，则手压把在复位弹簧作用下,回复原位,这时灭火器停止喷射。若需要再喷射时,再压下手压把,则灭火剂又可喷出。在喷射完毕后,使用者应迅速撤离,以防灭火剂毒害。因为卤代烷 1211 及 1301 都有毒性,其扑救火灾时,高温下生成的反应产物毒性更大,因此,在人员密集处发生火灾时应慎用。

3. 二氧化碳灭火器的操作使用

二氧化碳灭火器有与卤代烷灭火器相同的应用范围,扑救火灾后,不留痕迹,没有污染。

操作使用时,将灭火器迅速提到着火物附近,喷筒对准火源,打开开关即可。如对手轮式二氧化碳灭火器,可用手握住灭火器顶部手轮,逆时针旋转到最大程度,右手握住喷管木柄,左手提起灭火器,将喷出的二氧化碳喷向燃烧物即可;对于鸭嘴式二氧化碳灭火器,则先撕掉手柄保险销上的细铁丝及铅封块,再拔出保险销,左手用力压下手压把,并保持握紧两个手柄,右手握住喷管木柄,将二氧化碳射流射向火源即可。

使用时,应注意保持灭火器正立状态,不要过分倾斜,更不能颠倒使用。室外或车外使用时,仍要注意由上风向喷射。风力若过大,则要使喷管口尽量接近火源,否则,扑救效果不佳。还应注意二氧化碳在大气中浓度过高(达 8.5%)时,就可对使用人员造成影响,浓度过高,达 20%～30%时,可使附近人员呼吸衰弱,严重时甚至致人于死地。因此,喷射完毕后,应迅速离开。右手握喷射管时,必须在规定位置(一般为木柄),不要握在喷口附近,以防液态二氧化碳粘手,造成皮肤局部冻伤。

(三)灭火时应注意事项

油类着火禁止水扑救,因油密度小于水,燃烧的油类易漂浮水面蔓延,应用二氧化碳灭火器。电器着火禁止用水扑救,因水是电的导体,会造成触电事故,也会使电器短路烧坏,应使用二氧化碳灭火器或干粉灭火器,灭火时先切断电源。

五、防火的安全管理规定

（一）车库的防火安全管理规定

(1) 车库应通风良好，车库内禁止吸烟。

(2) 车库内严禁明火作业及明火照明，不得用明火炉直接取暖。必要时，可用暖气或火墙式火炉取暖。火墙式火炉取暖不得用于装载易燃易爆物品车辆的车库。

(3) 停放装运易燃易爆液体和液化厂油气槽车车辆的库房内，电气设备应符合防爆的要求。

(4) 装载有漏油的桶装汽油、柴油和车辆油箱漏油时，车辆不得进入库内。

(5) 车辆进入库房后，应检查未熄火的火种和切断电瓶电源。

(6) 车库内不应存放汽油、柴油。油棉纱头布应集中放在加盖的铁桶内，并及时处理。

(7) 库房内外应有醒目的安全标志及消防设施（灭火器、沙箱）。

(8) 坚持三级动火审批制度。

（二）车辆加注燃油时安全防火管理规定

(1) 工作人员必须穿戴工作服，不准戴手套，周围禁止烟火。

(2) 发动机熄火前，不得加注燃油。

(3) 加注燃油时，不准检修和调试发动机，不准在注油容器附近进行锤击磨削。

(4) 应用扳手旋拧油桶螺塞，不准用铁器敲击和刮擦汽油容器。

(5) 禁止在雷雨天气及高压电源线下加注燃油。

（三）维修、运行中的管理规定

(1) 不准用明火照明查看油箱存油；禁止用打火机、火柴在汽车上照明；汽车加油时，不准吸烟、不准抢修和调试发电机；严禁私自在驾驶室内安装电炉丝、点烟器等用电设备。

(2) 点火线圈、分电器、高压线、火花塞漏电时,应立即更换,不可在气缸外试火、跳火,以防引起燃油起火。

(3) 经常检查汽车各种通电导线接头,不允许有松动、脱落和短路现象产生。

(4) 防止发动机发生各种回火现象,遇到这种情况应予以调整或更换,严禁拆下排气管后发动车辆。

(5) 汽车在使用过程中,一定要确保各种盛油或盛特种液容器、管道、接头的密封性。发现有渗漏、溢出或喷溅,要按规定进行堵漏和处理。车辆上的各部油管应安装牢固,不得与车体任何部位相摩擦。

(6) 运送易燃和易爆物品的汽车应装备灭火器,灭火器在车上应安装牢靠并便于使用。

(四) 运输易燃易爆品防火的管理规定

运载易燃易爆危险品一旦发生事故,后果将会十分严重。应遵守下列规定:

(1) 必须经厂交通安全管理部门和保卫部门批准,按指定的路线和时间行驶。

(2) 必须由具有 50 000 km 和 3 年以上安全驾驶经历的驾驶员驾驶,并选派熟悉危险品性质和有安全防护知识的人担任押运员。

(3) 必须用货运汽车运输,禁止用汽车挂车及其他机动车运输。

(4) 车上应根据危险货物的性质配带相应的防护、消防器材。车厢两端上方须插有危险标志。

(5) 应在货车排气管消音器处装设阻火器,易燃、易爆货物专用车的排气管应装在车厢前一侧,向前排气。

(6) 车厢周围严禁烟火。

(7) 两台以上车辆跟踪运输时,两车最小间距为 50 m,行驶中不得紧急制动,严禁超车。国家规定运输危险品的汽车行驶时,白天时速不得超过 40 km/h，夜间或雨雾天气车速不得超过 20 km/h。

（8）中途停车应选择安全地点，停车或未卸完货物前，驾驶员和押运员不得离车。

第七章　企业内机动车辆事故的综合分析

第一节　车辆事故的原因和特性

一、事故的定义

在日常生活中，工业生产、交通运输中等各个领域，经常有大大小小的事故发生，人们对事故的概念早已耳濡目染。事故的定义也是多种多样的，没有统一的定义。大家经常用的定义是：事故是非计划的，失去控制的事件。

二、事故的基本特性

1. 事故具有因果性、条件性和规律性

事故的发生是由众多原因造成的，导致事故发生的原因和事故之间具有一定的内在关联性。例如：在企业运输中，因安全教育不够造成的驾驶员素质低下、安全管理存在缺陷和车辆存在不安全因素，这三个原因与事故的发生具有因果关系，也是事故发生的条件。

2. 事故具有偶然性、必然性和可预防性

从本质上讲，事故属于在一定条件下，可能发生，也可能不发生，随时间发展产生的某些意外情况显现的随机事件。当不安全因素事件充分集合时，事故必然发生；若在事故发生前，消除不安全因素，则可防止事故发生。

3. 事故具有潜在性、再现性和预测性

事故潜伏于安全隐患之中,安全工作就是发现事故的隐患,并根除其隐患。

4. 事故具有前兆性、爆发性和扑灭性

快速抢救、积极防治事故是安全工作的一项重要任务。

三、事故的分类

(1) 按事故形成的因素划分:可分为责任事故和非责任事故。

(2) 按事故的伤害的对象划分:可分为伤亡事故和非伤亡事故。

(3) 按事故的事态分:可分为运输事故、搬运装卸事故、失火事故、维修事故等。

(4) 按厂区道路划分:可分为交叉路口、弯道、直行、坡道、铁路道口、仓库、车间等行车事故。

四、事故发生的原因

事故的发生不是偶然的,有其深刻的内在原因,包括直接原因和间接原因。事故是由间接原因形成直接原因,最后由直接原因造成事故。

(一) 事故直接原因

事故直接原因是指不安全环境和不安全行为。

1. 不安全环境

在企业内交通运输中是指道路条件、天气、作业环境、车辆使用状况等等。

(1) 道路条件差。由于车间、仓库之间的通道狭窄,致使驾驶员在驾车行驶中的视距、视野大大受限,特别是在观察前方横向路两侧时的盲区较多,这在客观上给驾驶员观察判断情况造成了很大的困难,对于突然出现的情况,往往不能及时发现判断,缺乏足够的缓冲空间,措施不及时而导致事故。同样,其他过往车辆和行人也往往由于不便及时观察掌握来车动态,没有做到主动避让车辆。

(2) 作业环境。厂区道路和厂房内、库房内通道狭窄、曲折,不但弯路多而且急转弯多,再加之路面两侧的大量物品的堆放,占据道路,致使车辆通行困难,装卸作业受限,在这种情况下如果驾驶员精神不集中或不认真观察情况,行车安全很难保证。

(3) 天气。因风、雪、雨、雾等自然环境的变化,在恶劣的气候条件下驾驶车辆,使驾驶员视线、视距、视野以及听觉力受到影响,往往造成判断情况不及时,再加之雨水、积雪、冰冻等自然条件下,会造成刹车制动时摩擦系数下降,制动距离变长,或产生横滑,这些也是造成事故的因素。

(4) 车辆使用状况。车辆技术状况的好坏对安全行车起着重要的作用,其中以转向系统、制动系统的技术状况影响最大。其他如车轮及轮胎、灯光和喇叭、传动装置以及其他一些零部件也都必须完好。其事故的主要原因是由于平时维护保养不够、车辆带病使用、遇到紧急情况不能及时停车和采取紧急避让。

2. 不安全的行为

不安全的行为有酒后开车、疲劳驾驶、违规作业、无证驾驶等。

1) 酒后开车

酒后开车是造成事故的直接原因。因为酒的主要成分是酒精,饮酒后,酒精被胃壁和肠壁迅速吸收溶解于血液中,随着血液循环流遍全身,渗透到肌体各组织内部。由于酒精与水有亲和性,所以体内含水量高的组织和器官,酒精含量也高,比如大脑和肝脏等。饮酒后,特别是饮大量酒之后,除了对人身体有害外,对人的精神和心理方面影响更大:

(1) 首先使人的色彩感觉功能降低,视力受到影响;

(2) 思考、判断能力受到影响;

(3) 对大脑记忆产生危害;

(4) 对各种事物的注意力下降;

(5) 触觉感受性降低;

(6) 情感发生很大变化，危机感被麻痹。

酒后肇事驾驶员血液中的酒精含量通常为 0.15%～0.25%。血液中酒精含量在 0.03%～0.09%的驾驶员造成交通事故的可能性比头脑清醒的驾驶员一般高 7 倍，酒精含量在 0.1%～0.15%的驾驶员要高 30 倍，而酒精含量超过 0.15%的驾驶员则要高出 128 倍。

2) 疲劳驾驶

驾驶员在长时间连续驾驶车辆后，产生生理、心理机能下降和驾驶操作效能下降的现象称为驾驶疲劳。疲劳在心理上表现的症状为主观上出现疲乏感，如全身乏力、酸痛、思睡等。客观上出现感觉迟钝，动作不协调、不准确等。在心理上表现为注意力难以集中，思维迟钝、反应速度及准确性下降等。

疲劳会使驾驶员的驾驶机能失调、下降，对行车安全带来不利的影响。

(1) 反应时间显著增长。工作一天后，不同年龄的驾驶员，对红色信号的反应时间都增长了。另外，对复杂刺激（同时给红色和声音的刺激）的反应时间也增长了，有的甚至增 2 倍以上。

(2) 操作能力下降。疲劳之后，动作准确性下降，动作的协调性也受到破坏，有时发生反常的反应，即对于弱刺激出现强反应，而对强刺激出现弱反应。在这种情况下，观察、判断和操作都易出现差错，从而导致事故的发生。

(3) 判断失误增多。疲劳以后，判断错误和驾驶错误都远比平时增多。判断错误多为对环境、车速、距离等判断以及对事故的可能性和应付方法考虑不当。驾驶错误多为掌握转向盘、制动、换挡不当。

3) 违规作业

违规作业如运输中超高超重、人货混装等。

(1) 超高超重。

超重危害。超重使车辆轮胎负荷过大，变形严重，容易发生轮胎爆破，特别在机动车辆快速行驶的情况下，轮胎爆破的可能性更大，极可能造成行车事故。超重使车辆转向沉重，转弯时离心力增大，操作困难。同时，超重使车辆的制动效能降低，制动距离延长，扩大了车辆的制动非安全区，增加了事故发生的可能性。超重会造成车架变形，钢板弹簧折断，严重时，会改变车辆的总成或各部件的相对位置，影响车辆的正常行驶和使用寿命。

超高危害。机动车装载超高，提高了货物的重心位置，影响了货车在行驶中的稳定性，在车速快或转弯时，容易发生翻车事故。

（2）人货混装。

机动车辆在行驶中，由于路面情况复杂，驾驶员随时要准备应付可能出现的紧急情况，人和货在车内不稳（虽然货物捆扎好，在行驶中，也可能活动或移动位置）当车辆紧急制动所产生的惯性力将使车内人和货产生碰撞、挤压，造成人员伤亡。

（二）间接原因

事故的间接原因是指导致不安全行为、不安全环境的深层次原因。包括：对人管理的缺陷，如教育、培训等方面；对物的管理缺陷，如规章制度不健全不落实、车辆维修不及时等。

1. 人管理的缺陷

对厂内机动车辆驾驶员要进行道德、法制教育，其重要性第一章已经讲过，这里就不再叙述。同时厂内机动车辆驾驶员也必须经过专业培训、考核，取得合法资格后方准驾车。在车辆伤害事故中，由于无证驾车，造成事故率较高，而且事故后果相当严重。无证驾驶车辆肇事之所以难以杜绝，屡禁不止，主要是无证驾车人员法制观念淡薄，但根本原因还在于企业安全管理不到位，处理不严，甚至有的竟是个别领导听之任之所致。

2. 对物的管理缺陷

1）车辆安全行驶制度不健全、不落实

建立、健全安全行车的各项规章制度，目的就是为了避免和最大限度地减少车辆事故的发生。但由于执行不力，落实不好，或有章不循，对发生的事故不去认真分析和处理，大事化小，小事化了，使各种制度如同虚设，就会淡化驾驶员的安全意识，这是导致车辆事故不断发生或重复发生的重要因素之一。反之，如果有章必循，违章必究，车辆在行驶中发生了险情或事故，本着"三不放过"的原则，查明原因，分析责任，严肃处理，就会不断强化广大驾驶员的安全意识，避一步提高他们遵章守纪的自觉性，减少和避免车辆事故的发生。

2）管理规章制度或操作规程不健全

没有建立或健全以责任制为中心的各项管理规章制度，没有健全各种车型的安全操作规程，没有定期的安全教育和车辆维护修理制度等都会造成驾驶员无章可循的局面或带来安全管理的漏洞，从而导致事故的发生。如车辆维修不及时。车辆在运行过程中，必然要出现正常的磨损和异常的损坏，在车辆的管理中，企业必须建立定期的车辆维护、修理及检验制度。按规定适时对车辆进行检验、维修，随时保证车辆的完好状态。与此同时，驾驶员还要严格执行出车前、行车中及收车后的车辆"三检"制度，及时发现、排除各种故障与隐患，只有这样才能既顺利完成各项生产任务，又能确保行车安全。

以上是发生事故的直接原因和间接原因。要想避免和减少事故的发生必须牢固树立安全意识，严格执行各种规章制度和操作规程。出现问题，要查明原因，分析责任，严肃处理。做到有章必循，违章必究。

第二节　车辆事故案例的综合分析

一、启动伤害事故

☉☉【案例一】1986年3月1日某厂车库门前车辆重伤事故。2月29日收车时，驾驶员将东风汽车停在车库大门旁斜坡上（坡度15°

左右)。3月1日,甲用车,由于电瓶亏电,启动机不能启动,于是利用下坡溜坡发动。但是,当甲松开手刹车时,汽车仍原地不动。甲见溜坡不成,便将变速杆重新退入空挡,下车用摇把启动,摇了几圈之后,发动机没着火,汽车却开始向前移动。甲见溜车忙叫坐在驾驶室内的乙拉手刹车,但乙不懂。无奈,甲用左肩膀顶住保险杆左端,想阻止汽车滑移,但无济于事。汽车继续前移,甲随车后退时,失脚滑倒,汽车左前轮从甲胸部、腹部压过,当场昏迷不醒。汽车停靠后,甲被送往医院抢救,肋骨多发性骨折7根,肝脏破裂缝合,脾脏破裂切除。

原因分析:

(1) 驾驶员平时对车维修保养差,发现电瓶亏电不及时检查、充电或更换。

(2) 甲溜坡启动未成,手刹车未拉紧就盲目摇车启车。

(3) 车辆停放时间长,轮胎气压减小,与地面接触面积增大,附着力增大,尽管松手刹,但汽车没动。摇车后汽车抖动移位顺坡下滑。甲事先无准备,遇此心情紧张,采取措施不当。

经验教训和防范措施:

(1) 加强车辆保养,使车辆经常处于完好状态,不带病行驶。

(2) 严格执行各项规章制度,车在斜坡手摇启动必须拉紧手制动;空气制动的车辆,气压低于392 kPa时,严禁溜坡启动。

二、起步伤人事故

【案例二】 1990年8月17日在某厂车间办公室前面,驾驶员甲驾驶前翻斗车来车间办公室开领料单。车间办公室前面地方窄小。开完领料单,甲上车准备调头去领料。当时甲驾车面向南,车间办公室向南开门,这一栋房有6个门,甲的车停在东边数第四个门侧处,离房墙约1 m远。甲上车后一看无人,就挂倒挡,准备倒车后再向前转弯开走。当甲倒车后准备停车的同时,就听见

"哎呀"一声，车停住一看，车间副主任被挤在车后与墙之间。甲赶忙挂前进挡向前提车，送副主任上医院。终因流血过多，伤势过重而亡。

原因分析：

驾驶员甲倒车不后视，只匆忙看了一眼就认为后边无人而倒车，此时，车间副主任从第4个门出来准备进第5个门，思想麻痹认为可以过去（或不知倒车），以致肇事。

经验教训和防范措施：

(1) 教育驾驶员要严格执行安全规程"机动车倒车时，驾驶员须先查明周围情况，确认安全后，方准倒车。"必须后视或侧视倒车。

(2) 教育全体职工牢固树立"安全第一"的思想。

【案例三】1988年12月14日某厂货场，汽车驾驶员甲和4名装卸工执行运煤任务。装完煤，驾驶员鸣喇叭呼叫装卸工上车。其中2人上了驾驶室，驾驶员问："都上来了吗？"1名装卸工说："都上来啦！"此时，甲徐徐开动汽车，车刚走几米，车厢上人就喊停车。甲停车一看，装卸工丁正倒在车后边。原来，汽车开动时，丁还没上来，丁一看车动了，慌忙紧跑几步，脚踏汽车右踏板，手抓车厢上车。丁手没抓住，跌倒在地，汽车右后轮从前半身压过，将左侧肋骨压折6根，造成重伤。

事故原因：

汽车开动后，丁违章强行上车，汽车驾驶员没亲自确认，急于开车，以致肇事。

防范措施：

(1) 教育职工自觉遵守安全规定，听从指挥。严禁车辆开动后扒车和跳车。

(2) 教育驾驶员严格遵守安全操作规程，必须亲自确认一切安全无误，方能鸣笛起步。

(3) 驾驶员与装卸工、押运人员要密切配合，经常宣传安全注意事项。

三、高速直行事故

【案例四】1987年6月8日12时,某金属结构厂驾驶员俞民生驾驶8t半挂车运角钢回厂,为了赶上吃午饭,俞以每小时40多km的速度向停车场冲去。汽车吼叫着绕过工厂篮球场,由南向北疾驶入厂区5m宽的水泥道。这时,前方道路上一个拖着人力车的身影进入了俞的视线,这是来工厂食堂拉泔水的农民老乔,此时他发现了驶来的汽车,就拉着拖车想往路边停靠,不巧,道边临时堆放了不少钢材,5m的路只剩3.5m,老乔尽管已让到了路边,可还空不出供汽车通过的路面。俞也发现了这个情况,但他却判断失误,认为可以顺利通过。于是他既没刹车也没减速,"呼"的一声从老乔身边驶过。此时,坐在俞身边的装卸工忽然惊叫一声!俞慌忙急刹车,但为时已晚,人力车已经倾翻,老乔倒在车后轮的水泥地上,两缕鲜血正顺着头部往外流淌,老乔身亡。

原因分析:
(1) 驾驶员俞在厂内高速行驶;
(2) 厂内道路被钢材侵占。

经验教训和防范措施:
(1) 教育驾驶员遵守厂内安全规程,厂内行驶不能超速;
(2) 保证厂内道路畅通。

四、转弯事故

【案例五】1982年6月,某局驾驶员驾驶解放牌汽车装运纤维板,装载后纤维板已超车厢栏板,未采取任何绑扎加固措施,4名装卸工就坐在纤维板上面,驾驶员不仅未提出绑扎加固要求,也未制止车上载人就开车行驶。途经环形路转弯时,由于车速较快,离心力将车上的人和货一起抛出车厢,造成死亡1人、重伤1人、轻伤2人的事故。

事故原因：

(1) 装载货物已超出车厢栏板，又不采取绑扎加固措施，而且人货混装，严重违反安全规定；

(2) 转弯时不减速，高速行驶导致离心力过大，从而造成把人和货抛出车外的伤害事故。

防范措施：

(1) 货物装载超出车厢栏板时，货物上禁止载人，货物必须采取绑扎加固措施；

(2) 车辆转弯时，要减速慢行，应避免急制动和高速转弯。

五、会车事故案例

【案例六】 1986 年 3 月 10 日，某厂一辆解放牌运输车被安排执行运输木模型任务。在下雪路滑的情况下，该车以时速 25 km 的速度在厂区北的直路上由北向南行驶，当运输车行驶至成品库附近时，与一辆东风牌汽车会车。东风牌汽车是在超越了同方向行驶的马车，驶入道路中心线左侧后，以时速超过 25 km 的速度强行与解放牌运输车会车。因双方采取措施不当，导致两辆汽车相撞。东风牌汽车驾驶员在相撞时猛向右打方向盘，自己被从驾驶室甩出，造成死亡。

事故原因：

(1) 东风牌汽车驾驶员严重违反了厂内运输安全规定。首先违反了在超车前 150 m 以内无车辆时方可超越的规定；其次违反了右侧通行的原则；第三违反了厂内结冰、积雪、积水道路行驶速度每小时不准超过 10 km 的规定。

(2) 解放牌汽车驾驶员也违反了冰雪路面行驶速度的规定。

防范措施：

(1) 会车时要做到"礼让三先"，即要先让、先慢、先停，并选择较宽阔、坚实的路段，靠路右侧缓行通过。

(2) 会车时，当对面来车时，应根据距离及路况来控制车速，避免在障碍物处会车。

（3）严格执行规程中有关车辆行驶速度的规定。

六、交叉路口案例

◉◉【案例七】1985年10月29日，某厂驾驶员甲驾驶双马力平板柴油搬运车在厂区运送物品。当该车行至厂区工具车间右侧十字路口时，突然发现路口右侧开来一辆东风牌汽车，且速度较快。甲便急忙刹车并同时向左打方向盘躲闪，由于车速快和急转向产生的离心作用，将平板车上的货包及站在车尾部手扶货包的装卸工乙一齐甩下车。乙头颅脑干断裂，经抢救无效死亡。

原因分析：

（1）企业内车辆驾驶员通过交叉路口时没认真瞭望，提前减低车速；

（2）装卸人员违章乘车；

（3）东风汽车抢道过路口。

经验教训和防范措施：

（1）企业内车辆驾驶员应遵守《企业内运输安全规定》"通过厂内交叉路口速度不准超过时速15 km"的规定。

（2）随车人员应提高安全认识，禁止违章乘车，禁止人货混装。

七、倒车事故

◉◉【案例八】1986年3月3日11时，实习驾驶员董某由师傅跟车驾驶11号东风半挂车至工地，师傅下车找收货人联系卸货地点，此时董擅自将车开动，致使车辆右中轮、右后轮陷入黄沙堆。董请在场的20号东风半挂车司机用车尾倒撞11号车车尾。连续撞了五、六次未能解救。准备用钢丝绳拖带，因钢丝绳不够长，董站立在两车车尾之间（面朝20号车），招呼20司机倒车，胸腹部被两车后栏板挤压内脏破裂，抢救无效死亡。

原因分析：

（1）实习驾驶员安全意识差，擅自驾车造成陷车。陷车后，董站在两车车尾间距仅 2 m 左右的地方，招呼 20 号车倒车导致车辆在后倒过程中没有避让的余地；

（2）驾驶员冒险拖车，11 号车陷车后，20 号车驾驶员冒险用长度不符合规定的钢丝绳拖车，在倒车过程中配合不当；

（3）车辆没有配备必要的拖车工具。

经验教训和防范措施：

（1）驾驶员安全意识差，通过学习提高；

（2）根据规定机动车辆拖带车辆不得背行，牵引索长度须在 5～7 m 之间；

（3）配备标准的牵引工具。

◎◎【案例九】1982 年 10 月 13 日，某铸造厂三轮卡车前往机械厂装运铜屑。装运时，车头朝里，车尾紧靠铜屑堆，车身与通道夹角约为 50°，占去 4.2 m 宽的车行通道 2/3。在装车过程中，造纸机械厂的电瓶车运货出门受阻，司机甲前往商洽让道事宜。三卡司机与装卸工忙于装货，未相让道。约 20 min，三卡装好车，将车向前开动 5 m 左右，准备掉头开出厂房。而前面停着电瓶车，双方商议让道事宜。由于电瓶车上装有木箱不便倒车。协商结果三卡倒车出厂房。三卡倒退约 16 m 后，左后轮将在通道边上工作的电焊工撞倒并从其右小腿上辗过，将其挤在三卡油箱电瓶部位底部。经送医院抢救无效死亡。

原因分析：

（1）驾驶员因赌气让道倒车速度快，实际车速 13 kg/h；

（2）倒车时，没有仔细观察并瞭望倒车路线，随车装卸工也没有下车指挥；

（3）因长距离倒车，倒车路线偏左，右侧尚有 1.1 m 的通道；

（4）装载超重，限 1 t，实际装载 1.9 t。

经验教训和防范措施：

（1）加强驾驶员的职业道德教育，做一名文明安全的司机；

(2) 不违章驾车；
(3) 严禁超载装运。

八、停车事故

👀【案例十】1988年2月26日午夜，某公司汽车队驾驶员甲担当运送水泥任务。22时，甲驾车到1号门，值班人员已将铁门锁上，天正下着霏霏细雨。甲与随车工乙商议后，决定去3号门看看。乙下车去3号门，甲调头向西转弯开到离3号门1m处的坡道上停下。此门也上了锁，甲见状鸣喇叭，呼唤值班人员，还是不见动静，甲的无名火一阵阵往脑门窜。此时，乙告诉甲，要想进门只有撬锁，并决定亲自撬锁。甲认为乙说的有道理，即跳下车。哪知他心急如火，下车时忘拉手刹车，也没将车挂在低速挡。当他从左车门下车，刚走到左侧大灯时，就见水泥车正向撬锁的乙背后压来。甲见状边喊："快闪开"，边跳上车拉手刹。但已晚，车辆滑下，乙被压在车下，锁着的铁门被撞开，卡车滑出3m才缓缓停下，乙经医院抢救无效死亡。

原因分析：

驾驶员甲因心情急躁，违反《厂内运输安全规程》中的有关规定，在大于5％坡道上停车，离开驾驶室，不拉手刹，导致载重货车在坡道上前滑。

经验教训和防范措施：

(1) 教育驾驶员认真学习《厂内运输安全规程》，严格执行安全规定、不乱停放车辆；

(2) 提倡驾驶员多学习一些安全行车心理学知识，克服行车中的急躁情绪、烦躁情绪或者欣喜若狂现象，保证安全行车。

九、夜间行车事故

👀【案例十一】1987年6月12日零时，某厂一辆解放牌汽车执行运送钢件任务，以时速45 km的速度，顺厂中心公路由南向北往铸造分厂驶去。当行至锻压分厂附近时,遇一骑自行车由北向南反道行驶。当驾驶员发现自行车时,两车相距 30 m。汽车驾驶员甲一看自行车占道行驶,车行方向左侧又没人,就向左打方向,并点点刹车准备绕过去。骑自行车的乙一看汽车向自己驶来,就慌忙向右侧骑去。一瞬间,汽车撞在自行车上,把骑车人乙撞出 6 m 远。经送医院抢救无效死亡。

原因分析:

汽车驾驶员甲在夜间高速行驶,并判断失误,两车相向(出事现场汽车占道)是这起事故的主要原因。骑车人乙夜间反道骑自行车、马虎大意,是这起事故的次要原因。

经验教训和防范措施:

(1) 教育驾驶员遵守《厂内运输规程》夜间不能超速行驶,安全意识的提高要落实在自觉的行动上;

(2) 教育全厂职工提高"安全第一"的思想,不违反厂内交通规定。要做到高高兴兴上班,平平安安回家。

十、车辆技术状况不良的事故

◉◉【案例十二】1984 年 9 月 27 日,某厂北京 130 型汽车驾驶员甲发现方向机横拉杆和转向节下臂之间的球关节螺母和开口销均有松旷现象,请求修理,修理工给换了一个质量不好的开口销。当日出车后,由于震动开口销脱出,螺母渐渐松扣掉落,方向机横拉杆与转向臂脱离,方向失控,汽车撞到厂区公路右侧水泥电柱上,甲受重伤、1 人轻伤。

原因分析:

车辆维修工工作不负责任、安全意识差,是这次事故发生的主要原因。

◉◉【案例十三】1989 年 3 月 27 日,甲等数人指挥东风八吨起重机竖立路灯水泥杆。灯杆就位后,甲指挥吊臂转向,刚一转动,吊臂突然失控,坠落。甲躲闪不及,被吊臂砸伤头部及腹部,当即死亡。

原因分析：

(1) 起重机吊臂坠落由于吊臂变幅卷筒的制动抱闸闸带断裂，吊臂失控坠落；

(2) 指挥甲站立位置不当，吊臂转向时未离开险区。

经验教训和防范措施：

(1) 对起重设备应加强日常维修保养；

(2) 在起吊重物时，在吊臂作业范围内，任何人不得停留。

【案例十四】 1990年7月2日，某厂驾驶员甲将3t叉车停在修理部门前，与修理工乙调整分电器。调后甲上车试验，发动机工作良好。甲未熄火，正准备下车盖机器盖时，修理工乙叫等等，边说边用手提高油门，发动机转速突然增大。这时一风扇叶片飞出，击中乙的头部，造成重伤。

原因分析：

(1) 事故后检查发现，风扇叶片断裂处有60%的旧伤；

(2) 乙提高油门，发动机转数猛增，风扇叶在离心力作用下飞出；

(3) 此风扇早知有伤，领导同意凑合使用，埋下了事故隐患。

经验教训和防范措施：

(1) 加强车辆例行保养，发现问题，及附处理，严禁车辆带病行驶；

(2) 一切车管人员和驾驶员必须树立安全第一的思想，决不能有侥幸思想。

十一、装卸事故

【案例十五】 1986年9月30日，某公司叉车驾驶员甲驾驶3t平衡式叉车帮助木器加工厂进行小锅炉移位安装（锅炉直径1.5 m、长2.3 m、钢板壁厚16 mm），装卸工和起重工五人手扶手推车等待装运。当甲把锅炉叉起，第一次没落到中心，使手推车失去平衡，发生前倾。这时指挥装卸的班长乙赶紧喊停，又跑到料堆找来二根 150 mm×150 mm 的木方，横放在手推车上方，并叫其余 4 人在手推车两侧扶住小锅炉与木方，由他亲自扶住车把。当第二次叉车把锅炉放在手推车上时，叉齿往下放时锅炉稳定了一会，当叉车刚离开小锅炉的一瞬间，锅炉向车把方向滚动，乙因扶不住车把，被车把带动爬到车把上，锅炉从乙的身上滚过去，顿时人们望着地上的一摊鲜血惊呆了。乙当场死亡。

原因分析：

该起事故的主要原因是叉车驾驶员甲和装卸工等不了解装卸物品的性能，违反规定蛮干（锅炉重近 1.5 t），用手推车横向搬运滚动物品造成的。

但事后分析事故综合原因时发现，该起事故的致因是多方面的。有领导上的盲目指挥，当时厂长、调度员都在现场，也帮助出了主意，但没制止。责任者（被害人）家庭生活上的压力，两个孩子一个住院，一个在家，乙晚上在医院护理、白天工作。节日前忙于完工的急躁情绪，上午因为没叉车、他们几人洗完澡，等叉车来了赶紧工作。这些都是事故发生的外因条件。

经验教训和防范措施：

（1）厂内叉车驾驶员在叉车起步、行驶和装卸作业中要严格遵守安全技术操作规程，克服麻痹思想和懒惰性；

（2）叉车要载物品时不得超过额定起重量和载荷中心。重量不清应试叉，不得冒险蛮干或用人、物压车维持叉车平衡；

（3）禁止两车共叉一物。如遇特殊情况应制定完善的安全防范措施，并逐条落实后实行空车模拟操作，待两车动作协调后方准作业；

（4）叉车作业中升降、倾斜操作要平稳、控制好车速，不要急移和急转向；

（5）叉车驾驶员要熟知所搬运物品的性能。易滚动、易滑物品要捆绑固定，不准运送易燃、易爆危险品；

（6）保持车辆各部技术状况完好。

十二、翻车事故

【案例十六】 1991年9月3日15时,某厂运输处司机甲驾驶沈阳金杯牌客货车去动能处第一锅炉房送推土机司机。路经厂区中心十字路口,以时速65 km,由南向北行驶。因锅炉房急需供煤,而上午推土机司机因病到医院就医,看完病就回家了。下午,厂长指示必须立即供煤,否则,锅炉房停气厂里就停产了。运输处领导布置客货司机甲去家接推土机司机,并讲明了事情的严重性。司机甲是在这种情况下在厂内高速行车。当行至肇事地点发现一辆自行车,突然拐到路中心线。司机甲发现情况后,不减速也不停车,采取了宁躲不停,仍然高速行驶,并猛向左打方向。由于车速过快,产生较大的横向力,造成平地翻车。经现场勘察,路面平坦、干燥,视线良好,路宽8.9 m,柏油平路为6.1 m,肇事车为躲避自行车下路行驶28 m,翻车后驶出16 m,四轮朝天。推土机司机当场死亡,汽车司机甲受重伤。

原因分析:

根据《厂内运输安全规程》规定:"机动车在保证安全的情况下,在无限速标志的厂内主干道行驶时每小时不得超过30 km,其他道路每小时不得超过20 km。如须超过规定速度,须经厂主管部门批准。"客货车驾驶员甲严重违反厂内运输安全规程,在厂内高速行驶。而且在发现险情继续高速并急转弯,致使汽车平地翻车。

经验教训和防范措施:

(1) 教育厂内车辆驾驶员认真遵守《厂内运输安全规程》,无论任务多么紧急也要遵章守法,否则,只能扩大事故;

(2) 加强厂内运输安全管理检查,取缔一切道路违章。

十三、麻痹大意事故

【案例十七】 1988年11月,某厂铲车驾驶员甲在厂内驾驶铲车进行卸圆木作业。作业中,当其驾车卸完一个货位后,准备移车到另一个货位作业时,其驾驶铲车往后倒行。在倒车时,甲在作业场地较宽阔的情况下,思想麻痹,疏忽大意,没有认真观察后方道路情况,盲目倒车,结果连人带车直接倒入机井内,因落井后衣服被车挂住,甲当场溺死。

事故原因:

驾驶员思想麻痹,疏忽大意,认为作业场地宽阔没有认真观察,盲目倒车,导致事故发生。

防范措施:

驾驶员在驾驶作业时,应克服麻痹大意的思想,不能仅凭自己的想像存在侥幸心理。在驾驶作业中,要做到熟悉环境、集中精力、观察仔细、认真操作。

【案例十八】一机动车在行驶中发动机运转不正常,行驶无力,戴围巾的驾驶员停下车,拉紧手制动杆,没有关熄发动机便走出驾驶室。他打开发动机罩,检查点火装置,转动分电器,检查化油器,当他将头部伸进发动机罩查找原因时,忽然一阵风吹来将围巾前端吹到旋转中的风扇皮带盘上缠绕起来,当场被勒死在发动机罩下。

事故原因:

驾驶员在检修发动机时,思想麻痹,疏忽大意。在发动机转动的情况下,戴围巾检查车辆,以致形成危险因素,导致事故发生。

防范措施:

树立安全第一的思想,克服思想麻痹、疏忽大意。检修车辆应首先要排除危险因素,在发动机必须运转的情况下检修车辆时,应注意力集中并采取防范措施,防止意外事故发生。

课时安排表

课程内容	课时/h
第一章 特种作业人员安全生产法制意识与职业道德	4
第二章 企业内机动车辆的安全检查及新技术的应用	4
第三章 企业内机动车辆的安全技术要求	4
第四章 企业内机动车辆运行材料的安全使用及排放标准	4
第五章 企业内机动车辆维护与故障排除	4
第六章 企业内机动车辆的行车安全技能及防火	4
第七章 企业内机动车辆事故的综合分析	2
理论考试	2
实际操作	12
总　　计	40

参 考 文 献

(1) 曹建国等编著．汽车概论．重庆出版社
(2) 张铁柱、霍炜编著．汽车原理教程．国防工业出版社
(3) 邵恩坡等编．汽车驾驶员禁、忌、防．机械工业出版社
(4) 戴文逸、陈树国编．电动搬运车的结构和维护．机械工业出版社
(5) 劳动部职业安全卫生与锅炉压力容器检察局组织编写．企业内机动车辆驾驶员．中国劳动出版社
(6) 全国特种作业人员安全技术培训复审教材编委会编写．企业内机动车辆驾驶员．气象出版社